子どもの心によりそう
保育原理 改訂版

佐藤哲也 = 編

米川泉子
中野順子
小川圭子
田岡由美子
布村志保
渡辺一弘
石森真由子
佐野友恵
真田絵里
大湾由美子
赤木公仁
梅野和人
稲井智義
井藤 元
本山敬祐
鈴木昌世

福村出版

[JCOPY]〈出版者著作権管理機構　委託出版物〉

本書の無断複写は著作権法上での例外を除き禁じられています．複写される場合は，そのつど事前に，出版者著作権管理機構（電話 03-5244-5088，FAX 03-5244-5089，e-mail: info@jcopy.or.jp）の許諾を得てください．

まえがき

　本書をはじめとした「子どもの心によりそう」シリーズが企画されたのは，東日本大震災が発生した2011年のことでした。編者の鈴木昌世さんは，執筆陣に向けて次のようなメッセージを送りました。「私たちは子どもを守り育てる仕事に就く未来の保育者を育てる大切な使命を担っています。いま，私たちができること，それはそれぞれの専門性を最大限に生かし，心を込めて文章をまとめていくことではないでしょうか。未曾有の惨禍となった大震災のあとのこの辛い時期に，質の高いテキストを学生に提供することは，とても意味のあることだと考えています」。彼女の志に共鳴した研究者・実践者によって，本シリーズが世に送られました。

　それから7年の歳月が流れました。沿岸部再興や原発事故への対応など，いまだ復興途上にあることは否めません。それでも，多くの保育所や幼稚園が再建され，子どもたちの笑顔や歓声が被災地に戻ってきています。その一方で，2015年4月，子ども・子育て支援新制度がスタートし，2017年3月末には新しい保育所保育指針，幼稚園教育要領，幼保連携型認定こども園教育・保育要領が公示されました。子どもの最善の利益を保障しながら保育の量と質を高め，小学校教育との連携・接続をいっそう推進するなど，幼児教育・保育のさらなる充実が図られようとしています。

　こうした動向をふまえ，保育者養成の今日的課題にも応えるべく，本書を改訂いたしました。北海道から沖縄まで，全国各地で保育研究や実践に携わる方々にご協力いただき，新たな実践事例を加え，法令や情報を最新のものに差し替えました。保育者養成校の「保育原理」のテキストとしてご利用いただくことを念頭に，保育の歴史や思想，乳幼児の発達過程，保育の内容や方法，保育専門職のミッション等，さまざまな視点から解説しました。保育の道を志す多くの若者が本書に学び，"子どもの心によりそう"保育者として実践現場に羽ばたいていくことを願っています。

　本書の生みの親である鈴木昌世さんは，2016年11月末，ご病気のために天に帰られました。しかし，鈴木さんが蒔かれた保育者養成の種は，何百倍，何千倍，何万倍もの実を結び，子どもとそれを取り巻くおとなたちの幸せを生み出していくことでしょう。

編　者

目次

1章 現実の子どもと保育の意義 ································ 7
1. 保育の理念　7
2. 保育の概念　11
3. 保育の社会的意義　16

2章 子どもと保育 ································ 20
1. 子どもの権利を守る法令の理解　20
2. 子どもの命を預かる保育施設の役割　23
3. 愛情に満ちた環境づくり　26
4. 子どもの発達に即した教育課程にもとづいた保育　28
5. 地域における子育て支援の拠点としての保育施設　30

3章 福祉としての保育 ································ 33
1. 養護と教育の一体性　33
2. 環境を通して行う教育　36
3. 学校教育の基盤　42

4章 子どもの発達と母性的かかわり ································ 46
1. 発達段階の理解――個人差と平均値　46
2. 生涯発達の視点からみた乳幼児への教育
　　――喜怒哀楽を素直に表現する子どもを育てる　49
3. 乳幼児期（就学前）に身に付けたい基礎的な事項　52
4. 子どもの望ましい発達を支える母性的な保育者　55

5章 幼稚園教育要領，保育所保育指針，幼保連携型認定こども園教育・保育要領の考え方 ································ 58
1. 幼稚園教育要領に示される幼児期の教育の考え方　58
2. 保育所保育指針に示される乳幼児期の保育の考え方　62
3. 幼保連携型認定こども園教育・保育要領に示される教育および保育の考え方　68

目　次

6章　保育者に求められる専門性 …………………………………………… 71
　1 適切な援助と指導　71
　2 人権の尊重・尊厳について　74
　3 子どもとともに生きる　76
　4 専門職としての保育職　78

7章　未来へとつながる保育の目標 …………………………………………… 84
　1 求められる幼児教育　84
　2 幼稚園，幼保連携型認定こども園，保育所保育の目標　85
　3 幼児教育を行う施設として共有すべきこと　85
　4 子どもをとりまく現状　91
　5 特別な支援を必要とする子どもや保護者　92

8章　保育内容──遊びを通じての保育 ………………………………………… 93
　1 保育の内容の歴史的変遷　93
　2 戦後の保育内容　95
　3 現代における保育の内容　98
　4 遊びの教育的な意義について　100
　5 遊びと学び　102

9章　子どもと共にある保育の方法 ………………………………………… 105
　1 保育方法の歴史的な変遷　106
　2 現代における保育の方法　110
　3 保育を展開する保育者　116

10章　保育をとりまく環境 …………………………………………………… 119
　1 環境と相互作用のなかで育つ子ども　119
　2 愛情に満ちたかかわり　122
　3 保育と児童文化財　125
　4 言葉環境としての絵本・素話　127
　5 児童文化財の今日的意義　131

11章　子どもが幸せになるクラス経営 ……………………………………… 133
　1 個と集団のバランスをとる　133
　2 園の目標を理解しながら保育する　138
　3 クラスの目標　139

④ 全教職員，そして保育者間の連携　140

12章　家庭・地域・専門家との協働・連携　　　147
　　　① 保護者との連携　147
　　　② 地域社会に根づく保育者・保育施設　151
　　　③ 専門家との協働・連携　153

13章　保育の思想と歴史的変遷　　　157
　　　① 日本　157
　　　② 諸外国　163

14章　保育の現状と課題　　　176
　　　① 日本　176

終章　世界市民を育てる保育をめざして
　　　　　——再び，保育原理を問う　　　186
　　　① フレーベルの子ども観　187
　　　② 無条件的な受容——母性的なかかわりを通して育つもの　188
　　　③ 市民教育の場としての保育施設　190

　　索　引　194

1章　現実の子どもと保育の意義

1 保育の理念

■〈子ども〉をめぐるアイロニー

　人間は他者に依存する存在として生まれる。空腹なとき，おしめがぬれて不快なとき，不安を感じたとき，乳児は泣くことで養護の必要性を訴える。言語コミュニケーションや遊びによる自己表現ができるようになった後でも，身近な養育者の愛情と保護をよりどころに，生活していく。

　古来より，大人たちは，依存性が高く，かよわい子どもに，あたたかいまなざしを注いできた。例えば，山上憶良（660頃〜733頃）は「銀も金も玉も　何せむに　優れる宝　子に及かめやも」（万葉集5）と歌い，大伴坂上郎女（生没年未詳）も「玉にまさりて　思えりし我が子」（万葉集19）と詠んでいた。子どもは"何ものにも代えがたい宝物である"とみなされたのである。17世紀に活躍した「近代教授学の父」と称されるコメニウス（Comenius, J. A., 1592〜1670）も，「幼子は，この上もなく高価な，神の賜物ですし，私たちのこの上もなく懸命な配慮を受けるに値する宝玉です」（『母親学校の指針』）と教えていた。

　その一方で，子どもへの無関心，虐待行為が横行していたことも事実である。アメリカの歴史心理学者デ＝モスは，「子ども期の歴史は，いまようやく，その長い悪夢から覚めようとしている。子どもの世話をする仕方のレベルは，時代をさかのぼるほど低かった。

子どもが殺され，捨てられ，ひどい体罰を課され，威嚇され，性的虐待を受けることがいっそうありがちであった」と指摘している。

今日の日本でも，全国の児童相談所に寄せられる虐待（身体的虐待，性的虐待，心理的虐待，養育放棄）相談件数は右肩上がりであり，虐待死のような深刻なケースも増えている。また，1997（平成9）年に熊本市に設置された「こうのとりのゆりかご」（赤ちゃんポスト）をめぐっては「子どもの保護か子捨てか」と賛否両論を巻き起こしつつ，2020（令和2）年3月末までに155人の命が託されたという➡1。

こうしたアイロニー（矛盾）について，私たちはどのように理解したらよいのであろうか。子どもをめぐる大人の価値意識や育児行為の変化を，歴史的・社会的にとらえてみよう。

■母性をめぐって➡2

子どもを慈しむ感情が普遍的ではないことは，多くの識者が指摘している。わが子に対する母親の愛情についても同様である。

例えば，フランスの哲学者バダンテール（Badinter, E., 1944～）は，母親の本能とされている「母性愛」が，近代以降，女性に押しつけられた〈付加された愛（L' AMOUR EN PLUS）〉であると批判した。彼女は，過去の母親たちの冷淡さ，「子どもは重荷でしかない」と感じる母親の存在，〈母親〉であることよりも〈女〉であることを選択しはじめた女性の生き方を取りあげて，もしも「母性愛」が本能であるならば，こうした事実は存在しないと考えた。むしろ「母性愛は，子どもとともに日々を過ごすうちに，子どもの世話をすることを通じて，生まれるもの」であり，母親の愛情は日常的な子どもとの触れ合いで育まれるものであると主張したのである。

1990年代以降，日本でも伝統的な母性に対する再検討が進められていった。厚生省（現厚生労働省）も，1998（平成10）年の『厚生白書』において，「母性」の過剰な強調に対して，母親に子育ての責任を押しつけてきた社会的風潮に反省を迫った。「子どもを産

➡1 諸事情のために育てることができない新生児を保護者が養育施設に匿名で預けるシステムとして，熊本市の慈恵病院に設置された（2007年5月10日から運用開始）。

➡2 スウェーデンの女性思想家エレン・ケイが提唱したmoderskap（モーダーズスカップ）（スウェーデン語）が，関西の医師三田谷啓（1881～1962）によって「母性」と訳された。「母性」に象徴される母親による子どもへの愛情や育児行動は，先天的本能であるとみなされた。

み育てることに『夢』を持てる社会」を構築するためにも，子育てをめぐる過剰な期待や責任から母親を解放することが唱えられたのである。この白書では，伝統的な性役割分業から脱却して，「自立した個人の生き方を尊重し，お互いを支え合える家族」の創造が提言されていた。

■父親再考から"イクメン"キャンペーンへ

新しい女性の生き方が模索されるなかで，父親のあり方(fatherhood)への問い直しが進められた。父親業(fathering)の振興，「父性復権論」など，父親をめぐる議論も盛んになった▶3。

しかし家庭生活における父親の姿は，そう簡単には変化しなかった。内閣府による『平成19年度版国民生活白書——つながりが築く豊かな国民生活』はその事実を物語っていた。父親の4人に1人が平日ほとんど子どもと接していないばかりか，他国に比べて子どもと過ごす時間が短く，多忙な仕事がその原因として挙げられていた。必然的に子育ての負担は母親にかたより，夫が家事・育児に無関心だと，子どもを持つ妻の意欲が低くなることが明らかにされた。

心理学者たちは，こうした育児をしない父親の発達不全現象をかねてより警告していた。自己中心性からの脱却が困難，社会性に広がりが見られない，家族意識が深まらない，責任感が高まらない，優しさや慈しみの感情が深まらない等々，父親たちが直面している課題が指摘された。

厚生労働省雇用均等・児童家庭局は，委託事業「イクメンプロジェクト」を立ち上げ，男性の子育て参加や育児休業取得の促進等を目的として，2010年6月から活動を開始した。このプロジェクトを通じて，社会全体で男性が積極的に育児にかかわることができる一大ムーブメントを巻き起こすべく，全国各地でさまざまな啓発活動（講演会やイベント，ネットを通じた情報発信）が展開されている。また，部下が育児と仕事を両立できるように配慮したり，育休

◀3 佐藤哲也「理想の父親像をめぐる歴史的断章」，鈴木昌世編著『「家庭団欒」の教育学——多様化する家族の関係性と家族維持スキルの応用』福村出版，2016，pp.49-52。

取得や短時間勤務などを奨励しながら業務効率向上に努めたりしている管理職を「イクボス」と呼び，表彰するイベントも推進されている。

■ 育てる者に求められるもの

　伝統的な性役割分業の再検討が進められるなかで，乳幼児の頃から子どもとの関係性を構築していく必要が訴えられるようになった。特に乳幼児保育においては，感覚的協応，すなわち視覚的協応（見つめ合う関係），聴覚的協応（聞き取り合う関係），触覚的協応（触れ合う関係）の意義が再認識されている。これら３つのコミュニケーションが成立することで，従来の母子関係論やアタッチメント理論で重視されていた「母性的養育（maternal care）」が保障されると考えられている。育てる者と育てられる者が互いに情愛的・共感的な関係を結ぶことで，「母性的養育」が保障され，子どもの「育ち」と「育てられ」が促されるというのである🔁 4。

　養育者・保育者が乳幼児とコミュニケーションを深めるうえで，共通体験（同じものを見る，同じ音を聞く，同じものに触る）が大切であることが指摘されている。「今日のお空はきれいだね」「北風がピューピュー吹いてきたね」等々，体験を共有することで，驚き，喜び，感動，不安や心配などの情動が大人と子どもの間で交換される。認知心理学者の佐伯胖（ゆたか）は，こうした「子どもと視線を『共に』して子どもの抱く世界を『共に』味わい，楽しみ，子どもと身体感覚を『共に』して子どもの抱く世界を実感として納得し，その上で，子どもと協働して『共に』の世界を創り出していく共感的他者」が幼児の育ちにおいて重要であることを指摘する🔁 5。

　子育ての責任を負う私たちは，今一度，幼稚園の創始者フレーベル（Fröbel, F. W. A., 1782～1852）の言葉に学ぶべきであろう。彼は「さあ，私たちも，私たちの子どもらに生きようではないか！（コム ト ラーストウンス ウンゼルン キンデルン レーベン）(Kommt, lasst uns unsern Kindern leben!)」と宣言した。この言葉は

🔁 4　アタッチメント理論は，イギリスの精神分析学者ボウルビィ（1907～1990）によって確立された。子どもの社会的・精神的発達には少なくとも１人の養育者と親密な関係を維持する必要があることが強調された。そうした関係性が保障されないと，子どもは心身の発達障害を抱えると警告された。

🔁 5　佐伯胖『共感──育ち合う保育のなかで』ミネルヴァ書房，2007, p.107。

フレーベルの墓に刻まれていることでも有名である。子どものために生きること，子どもと寄り添って生きること，子どもと共に成長すること……。保育に臨む者が忘れてはならない理念がこの言葉に集約されている。「子どもと共に生きる」喜びを知る者が，男女の性差やさまざまな課題を乗りこえて，子どもの最善の利益を保障していく保育者となれるのである。

2 保育の概念

■教育の字義

　ドイツの哲学者カント（Kant, I., 1724〜1804）は『教育学講義』(1803)の冒頭で「人間は教育されなければならない唯一の被造物である」と述べた。子どもには適切な環境や養育，教育が不可欠であり，それが保障されないと人間らしい成長発達が期待できないと見なされたからである。「人間は教育によってのみ，はじめて人間になることができる」とカントは考えていた➡6。

　「教育」という言葉が日本で用いられるようになったのは江戸時代中期である。漢字としての文字の成り立ちについては，「教」が「長じた者から子が模倣する」と「軽くたたく」という意味の合成，「育」は「子」が逆さになって生まれ，その後肉づきがよくなる様を表している。

　今日「教育」と訳される education（英語），Erziehung（ドイツ語）は，共にラテン語（古代ローマの公用語）のēdūcō（引き出す）を語源とした，educare（育てる）あるいは educere（導く）に求められる。「内なる力や可能性を引き出す」という意味である。したがって，「幼児教育（early childhood education）」とは，「幼児がもっている能力を外に引き出す働きかけ」として理解できよう。

➡6　人間として教育が施されなかった野生児の記録を紹介しよう。ヴィクトールは，18世紀末，南フランスのアヴェロンで発見・捕獲された少年であり，11〜12歳と推定された。軍医だったイタール（Itard, J., 1774〜1838）に引き取られ，5年間にわたる教育が施された。アマラとカマラは，1920年，インドの山奥で狼とともに暮らしているのを発見・保護され，英国国教会伝道師シング牧師夫妻によって育てられた。イタール著『新訳 アヴェロンの野生児』福村出版，1978。シング著『狼に育てられた子』福村出版，1977。

■保育の字義

　幼稚園，保育所などで実践を語る際に，「幼児教育」よりも「保育」が用いられるのが一般的である。「保育」という言葉は，1876（明治9）年設立のわが国最初の幼稚園，東京女子師範学校附属幼稚園の規定（明治10年）のなかでも明記されていた。

　現行の学校教育法（1947年3月31日法律第26号）では，「幼稚園は，義務教育及びその後の教育の基礎を培うものとして，幼児を保育し，幼児の健やかな成長のために適当な環境を与えて，その心身の発達を助長することを目的とする。」（第22条）と定めている。また，児童福祉法（1947年12月12日法律第164号）は「保護者から申込みがあつたときは，それらの児童を保育所において保育しなければならない。」（第24条）としている。

　漢字の「保」は，人がおぶい紐で背中に子どもをおぶっている様子を表す会意文字である。「保育」とは，生まれ落ちた子どもを背中におぶり，守り育てる様子を表現しているといえよう。

　「保育」は辞書的には「乳幼児を保護し育てること」（広辞苑第7版）とある。その一方で，保育研究や保育実践で用いられる専門用語としては次のように定義されている。「第一は，乳児・幼児に対する教育で，幼児教育と同義語。第二は，乳児・幼児に対して，生存上必要とする衣食住の世話と心理的欲求の充足を図る養護と心身の発達を助長する教育とが一体となって働く営み。第三は，小学校児童のうち親が共働きなどの理由で放課後鍵っ子となっているものに対し，放課後夕刻まで生活・遊びを指導する営み」（フレーベル館『現代保育用語辞典』，1997），「乳幼児の心身の発達を目的として，幼稚園，保育所などでおこなわれる，養護を含んだ教育作用のことである」（大月書店『保育小辞典』，2006）。

　「保育」を英訳すると，"care and education" となる。"care" とは「保護，世話する，監督する，かまう，気にする，心配する，苦

労する，大切にする，注意する，関心をもつ，用意する，備える」と内容豊かである。"care"をかんむりにすえて「教育する」のが，「保育（care and education）」である。childcareという言葉もあるが，これはearly childhood educationと同義で用いられる傾向がある。"care"をめぐっては，アメリカの教育哲学者ノディングズ（Noddings, N., 1929～）が提唱した「ケアリング（caring）」という概念が有名である。

ケアリングの観点で保育をとらえると，かかわり合う乳幼児との関係性，さまざまな出来事や体験の偶然性，他ならぬ私と乳幼児との個別性，育てる者と育てられる者の共生志向性，こうした視点が尊重される。ケアリングは，①他者を援助したいという人間に本来備わっている性向に基づき，②自分の利益を守るためではなく他者の尊厳のために，③理性や因果律ではなく情感や共感に基づいて，④一般的，一方通行的な関係ではなく，個別的で応答的な関係のなかで他者とかかわっていく関係性，をとらえようとしている概念・理念である。保育では，ケアリングが成立するかかわりを子どもと結び，子どもの発達や可能性を引き出していく実践が期待されるといえよう。「教育（education）」（育てる）の前に「保護（care）」が掲げられる「保育（care and education）」の理念を十分に理解して欲しい。

■環境を通しての保育

幼稚園教育要領や保育所保育指針，幼保連携型認定こども園教育・保育要領では，幼児期の教育は「資質・能力を幼児の生活する姿から捉えた」「ねらい」に基づいて展開されることになっている。幼児期の教育において育む「資質・能力」は「幼児の主体的な活動」「幼児期にふさわしい生活」にもとづいて，「生活の全体を通じ，幼児が様々な体験を積み重ねる中で相互に関連をもちながら次第に達成に向かうもの」とされている。そのため"教師が教え，児童生

徒が学ぶ」「自覚的な学び」の学習形態とは一線を画したアプローチが求められている。「幼児期の特性を踏まえ，環境を通して行うことを基本」とし，「幼児の自発的な活動である遊び」が尊重されるのである。

　〈遊び〉には内的自由感が不可欠である。遊んでいる本人が"自由"を感じていなければならない。親や教師は，子どもに「勉強しなさい」「教科書○○ページの練習問題を解きなさい」と指示することはできる。しかし，「遊びなさい」と命じることは難しい。他者から命令されて取り組む活動は〈遊び〉にはならないからである。たとえさまざまな制約や規則があっても，"自由感"に充ち満ちていれば〈遊び〉が成立するのである。

　「環境を通して行う」教育は，こうした〈遊び〉の本質を背景としている。幼児に"遊びなさい"と命ずるのではなく，幼児が自発的・自主的に"遊ぶ気になる"ように働きかけるのである。幼児にとって魅力的で，しかもその創造力や活動力を刺激する環境を用意することで，保育者は幼児の〈遊び〉を誘発する。環境のなかに教育的な価値や可能性が仕組まれることで，幼児の「自発的な活動としての遊び」が教育的になっていく。幼稚園教育要領では「幼稚園教育は，学校教育法に規定する目的及び目標を達成するため，幼児期の特性を踏まえ，環境を通して行うものであることを基本とする」と定めている。

　保育者は，幼児が環境（ひと・もの・こと）からのイメージやメッセージを受け止めて，自律的・協同的に〈遊び〉が展開・発展できるように，コーディネイトしていくのである。

■環境をめぐって

　一口に"環境"といっても，その意味する内容は多様である。産業革命期の幼児学校（infant school）での「環境」は，衛生的・文化的な環境"surroundings（周辺環境，生活環境）"を意味していた。

20世紀初頭の新教育運動期では,「環境」は子どもがかかわりのなかで試行錯誤を繰り返す対象,そこから刺激を受けて思考・行動様式を変容していく応答的・操作的な環境としての"environment（影響力を持った可変的環境）"ととらえられていた⇨7。

今日ではアフォーダンス理論（affordance theory）が環境をめぐる新たな視点を提起している。"affordance"とは,アメリカの認知心理学者ギブソン（Gibson, J. J., 1904〜1979）の造語である。英語の動詞"afford（与える,提供する）"から「環境がわれわれに意味や刺激を用意して備える」という意味で提唱された。アフォーダンス理論によれば,「環境」とは私たちの行為を動機づける情報の海・資源であり,私たちは環境がアフォーダンスするものを利用することで行為する。そこで,保育者が環境の意味（affordanceしているもの）を探り,環境が幼児にどう働きかけるのかあらかじめ予想することで,保育の展開を考えることが要請されている。保育者には,〈遊び〉を誘発する環境構成が求められているのである。

保育実践において,保育者は環境を通じて幼児を〈間接指導〉することになる。幼児の主体性を最大に尊重するためには,保育者による直接的・命令的な指導は極力控えるべきであろう。保育者は教育的な意味や願いを込めて環境を準備していくことが大切である。保育者は環境という媒介を利用して,間接的に幼児に指導性を発揮していくのである。幼児が環境からイメージやメッセージを引きだし活動を展開しているときには見守り,環境に不適応を起こしていれば,助言を与えたり活動を共にしたりする。あるいは環境を再構成していく。保育者は,環境の教育的意義を幼児自身が体験できるように,援助をしていくのである⇨8。

何よりも,保育者自身が幼児にとって重要な人的環境として,さまざまな影響力を及ぼしている。保育者は幼児の心の拠り所であり,発達モデルである。幼児は保育者の言動をいつも注目している。保育者の姿や言葉を模倣しながら,生活技術や礼儀作法,人とのかか

⇨7　幼児学校（infant school）は,オウエン（Owen, R., 1771〜1858）が性格形成学院に設立したものを起源とし,ウィルダースピン（Wilderspin, S., 1792〜1866）等によって発展した幼児教育機関。19世紀前半,イギリス,アメリカ東部諸都市で貧民子弟のための慈善学校として普及した。また,19世紀末から20世紀初頭にかけて,欧米諸国では子どもの生活や興味を中心とした国際的な教育運動が展開し,「新教育運動」と称された。

⇨8　倉橋惣三は,『幼稚園真諦』（フレーベル館）で「先生が自身直接に幼児に接する前に,設備によって保育する」「その設備の背後には先生の心が隠れている」つまり,保育者は教育目的を設備（環境）に託して（盛り込んで）,「間接作用」すべきことを指摘していた。

わり方をはじめ，考え方や感じ方までも吸収していく。幼児のよりよい人的環境となるべく心がけることが，保育者には求められるのである。

3 保育の社会的意義

■遊びの消費行動化

　オランダの文化史家ホイジンガ（Huizinga, J., 1872～1945）は『ホモ・ルーデンス』（1938）において，遊びは文化創造と結びついた営みであると主張した。伝統的な遊具は，男の子のバケツやスコップ，女の子の人形やママゴト道具のように，成人後に必要となる生活・生産用具のミニチュアであり，生活スキルを身に付ける文化的な道具なのであった。

　ところが，近代化や少子化の進行により，子どもの遊びや遊具は本質的に変化した。子どもに感情・経済資本を傾けようとする保護者の志向性，少ない顧客に多くの商品を購入させようとする企業戦略があいまって，子どもの遊びが「お金を出して商品やサービスを購入して消費する」行動となっていったのである。

　さまざまなヒーローやヒロイン，アイドルがテレビを賑わせ，それらのアイテムが玩具やキャラクターとして商品化される。番組展開と対応しながら新製品が次々と発売される。その結果，短い周期で購入と廃棄が繰り返される。子どもがいろいろな遊具に手を伸ばし，そして使い捨てるようになっていく。休日になれば，大人と一緒に遊園地等の娯楽施設に足を運び，そこで提供されるサービスを楽しんでいく。お金を払って物やサービスを消費する遊びが広がっているのである。

　こうした商業的に仕組まれた遊びは，子どもが自ら考え工夫できる余地が少ない。創造性や知的発達を促す要素に乏しい。叩いたり，

丸めたり，こねたり，ちぎったりと，素材と直接触れ合いながら，形成したり修繕・修理したりすることも難しく，手先の器用さ（技術力）を磨く機会にもなりがたい。新しいものを入手すれば，今まで遊んでいた遊具には見向きもしない。邪魔になったり壊れたりしたときはすぐに廃棄する。こうした遊具とのかかわりが常態化すれば，子どもは「モノ」への愛着を育むことができなくなる。自分が苦労して作り，修繕し，大切にするからこそ，それが「宝物」となるのだとすれば，現代の遊具は子どもにとって「どうでもよいモノ」となっているといっても過言ではない。

　また，少子化と都市化を前提にデザインされた遊具の多く（コンピュータ・ゲームはその典型であろう）は，1人で，屋内で，おとなしく遊べるものになっている。友だちと試行錯誤しながら，身体を動かす必要がない。消費的な遊びは，必ずしも知力，技術力，道徳性，人間関係力を必要としないのである。

　消費的な遊びは，大人によって仕組まれたイメージや既製品で"遊ばされる"営みである。幼児自らが身近な環境である事物・自然・人などと能動的，具体的にかかわる活動ではない。身体性，知性，感性を総合的に発揮しながら"何ものかを創り出す"わけでもない。遊びを成立させる必要条件として他者の存在を必要としない。友だちと関わり合いながら遊びを作り上げる経験とはなり得ないのである。

　消費的な遊びにに，具体性，創造性，人間関係，生活性という「幼児期にふさわしい生活」を構成する諸要素が欠落している。「人間の能力は使うことで育つ」「生活が陶冶する "Das Leben bildet"」とスイスの教育家ペスタロッチ（Pestalozzi, J. H., 1746 〜 1827）は主張した。彼の知見にもとづくならば，消費的遊びは人間形成機能，とりわけ他者と協力しながら生活を創造的に展開していく文化創造機能が乏しいといわざるを得ないのである。

■生活と遊びの総合化を保障する保育

　幼児期には，多様な経験のなかから，夢中になれる活動，没入できる活動が選択的に展開されていくなかで，幼児自身がさまざまなことを学んでいくことが求められる。家庭における遊びが「消費的」「個人的」な活動にならざるを得ないとすれば，それを補うために保育施設では「創造的」「集団的」な活動を提供する必要がある。幼児期には総合的な経験が保障されなければならないからである。家庭での経験と幼稚園での経験が〈車の両輪〉のごとく機能することで，幼児生活の総合性・多様性が実現していくのである。

　幼稚園教育要領の領域「人間関係」で示されている「協同的に遊ぶ」経験は，こうした課題に応えるものであると理解できよう。幼稚園教育要領や保育所保育指針に示される「協同」とは，英語に置き換えるならば"cooperation（コーポレーション）"である。"co"は「共に，いっしょに」"operation"は「作用・影響を及ぼす」という意味である。つまり「互いに影響を及ぼす」ことである。遊びという目的完結型の活動において，子どもたちがお互いに影響を及ぼし合う状況を「協同的に遊ぶ」とみなすことができよう。子ども同士が相互作用していくことで，驚き，楽しみや悲しみ等の感情が交換され，遊びを一緒に進めていく喜びや共通の目的に向かって力を合わせる楽しさが体験されるのである。その過程で「協同」はおのずと「協働（collaboration（コラボレーション））」へと発展していく。友だちと試行錯誤や創意工夫しながら，何事かをやり遂げるのである。

　「協同的に遊ぶ」経験は，集団的な問題解決学習の原体験となり，小学校進学後の学習活動の基盤を形成していく。遊びを通じて形成された自己意識，社会性，言語コミュニケーション力が基礎（根の力）となって，社会的・文化的・技術的ツールとして分かち合われるのである。遊びながら考え，考えながら遊びを展開する姿はactive learning（アクティブラーニング）そのものである。友だちとかかわり合いながら遊ぶ

ことで，社交性や友だちへの敬意・思いやりが育まれるとともに，目標達成に向けた情熱と忍耐力も養われていくのである。

参考文献
大日向雅美『母性愛神話の罠』日本評論社，2000
柏木惠子編著『父親の発達心理学——父性の現在とその周辺』川島書店，1993
木村吉彦監修『「スタートカリキュラム」のすべて——仙台市発信の幼小連携の新しい視点』ぎょうせい，2010
コメンスキー著，藤田輝夫訳『母親学校の指針』玉川大学出版部，1986
佐伯胖『共感——育ち合う保育のなかで』ミネルヴァ書房，2007
佐々木正人『アフォーダンスの視点から乳幼児の育ちを考察——特別付録DVD-ROM 動くあかちゃん事典』小学館，2008
鈴木昌世『「家庭団欒」の教育学』福村出版，2016
ドゥモース，L. 著，宮澤康人ほか訳『親子関係の進化——子ども期の心理発生的歴史学』海鳴社，1990
ノディングズ，N. 著，立山善康ほか訳『ケアリング——倫理と道徳の教育 女性の観点から』晃洋書房，1997
バダンテール，E. 著，鈴木晶訳『母性という神話』筑摩書房，1998

2章 子どもと保育

1 子どもの権利を守る法令の理解

▶1 スウェーデンの女性思想家，教育学者。母性と子どもの尊重を訴え，『児童の世紀』(1900)などを著した。

　エレン・ケイ（Key, E., 1849～1926）▶1 が唱えたように，20世紀は子どもの世紀として，子どもが権利の主体としてとらえられるようになった。しかし一方で，20世紀は貧困や戦争，飢餓などにより多くの子どもが犠牲となっていった。そうした反省のもと，かけがえのない子どもの命や幸せを保障するため，子どもの権利を守る法令が整備されていった。

■かけがえのない個としての子どもへ

　第二次世界大戦後の日本は，軍国主義を改め，国民主権，基本的人権の尊重，平和主義を原則とする日本国憲法（1946）を定めた。この憲法の理想を実現するため，戦前の国家主義的な教育システムの反省にたった教育基本法が新しい教育の基礎として1947年に施行された。個人の尊厳を重視し，人格の完成を目指し，真理と平和を希求する人間育成の教育理念が明示された。また，学校教育法（1947）により，幼稚園が学校体系の一環として位置づけられた。さらに，児童福祉法（1947）で，すべての子どもは生活を保障され，愛護されること，また心身とも健やかに育成されることが保障された。

　それまでの日本では，子どもは家のものであり個として認められず，また単なる保護の対象とされてきた。そのため，新しく制定された児童福祉法の理念や，子どもを権利の主体としてみる新しい

子ども観は，なかなか当時の国民には理解されなかった。そこで，1951年に児童憲章が公布された。基本綱領に，すべての子どもの幸福を実現するため，子どもが「人として尊ばれ」「社会の一員として重んぜられ」「よい環境のなかで育てられる」ことが明示されている。この児童憲章は，法的拘束力をもたないが，子どもの基本的人権について国民の認識を高めるため，そしてそれを実現するための努力を促す規範となっている。

■権利の主体としての子どもに対する世界的な動き

子どもの権利に対する世界的な取り組みは，子どもの権利条約（Convention on the Rights of the Child）に結実した。これまで，子どもは保護の対象でしかなかったが，この条約では子どもが独立した人格と尊厳をもち，権利の主体者としてその権利を保障することが明示された。1989年の第44回国連総会において全会一致で採択され，18歳未満の子どもに対する国際的な基準として法的拘束力をもった。子どもにかかわるすべての活動で子どもの最善の利益が考慮され，子どもが生命への固有の権利をもち，生存と発達が確保されるように保障している。また，あらゆる差別の禁止（2条）や子どもの意見の尊重（12条），教育への権利（28条）などを定めている。

そもそもこの条約は，人類が子どもに対して最善のものを与える義務を負うと明文化した，ジュネーブ子どもの権利に関する宣言（Geneva Declaration of the Rights of the Child）（1924）や児童の権利の宣言（Declaration of the Rights of the Child）（1959）を受け継ぐものである。ジュネーブ宣言は，第一次世界大戦で被害にあった子どもを助けるため，ジェブ（Jebb, E., 1876～1928）⬛2 が国際的な機関によって子どもの権利が主張されるように国際連盟に働きかけ，声明を求めたことによって実現した。しかし，その後の第二次世界大戦でも多くの子どもが被害者となった。こうした2つの大戦

⬛2　イギリスの社会学者。戦禍で犠牲となった子どもを助ける活動から，国際セーブ・ザ・チルドレン連盟を設立し，国際的な子どもの権利保障のために尽くした。

の反省から，1959年第14回国連総会で児童の権利の宣言が採択され，具体的な権利保障が明示されたが，法的拘束力をもたなかった。また，その後も，ユニセフ（The United Nations Children's Fund）が「静かな緊急事態（Silent Emergency）」と指摘する，経済的貧困や児童労働，虐待など，世界中の子どもの危機的な状況は続いていた。

そこで，各国に子どもの権利を保障する義務をもたせるために，これまでの宣言を条約化しようとする動きが強まった。条約化には，第二次世界大戦時に何百万人もの子どもが犠牲となったポーランドと，そのポーランドに生きたコルチャック（Korczak, J., 1878～1942）■3の思想が大きな役割を果たした。彼は，孤児院での子どもとの生活を通して，子どもは将来を生きるために存在しているのではなく，子どもはすでに人間であると考えた。人間は他の何ものによっても置き換えられない，それ自身で絶対的な価値をもった人格としての価値をもつという人間の尊厳を，子どもそのものに見出した。このようなコルチャックの想いや，かけがえのない多くの子どもの命や幸せを奪ってきた歴史に対する，人類の反省と努力が，子どもの権利条約に反映されている。

■3 ポーランドのユダヤ人小児科医，教育学者。孤児院の院長として，ナチス支配下でも愛情をもった教育を続けたが，子どもたちとともに絶滅収容所へ送られた。

■現代も続く子どもの権利保障

子どもの権利を保障する取り組みは，現在も続いている。日本が1994年に締結した子どもの権利条約は，その後，条約として最大の196の国や地域によって批准された。2002年には「国連子どもの特別総会（the Special Session of the UN General Assembly on Children）」が開かれ，世界の指導者たちが「子どもにふさわしい世界（A World Fit for Children）」を築いていくことを誓約した。

私たちは，子どもの権利保障に対する先人の努力や想いを，未来へとつなぎ，発展させていかなくてはならない。そのためには，子どもが弱く守られ保護されるだけの存在ではなく，尊厳をもった1人の人間として，子どもと向き合うことが求められる。さらに，子

どもの最善の利益をまっとうするために，私たちは幼児期の教育に対して責任をもつのである。

2 子どもの命を預かる保育施設の役割

■危機管理

子どもの命は，何ものにも代えがたく，重いものである。事故や災害に遭遇したとき，安全の重要性を認識する。そして日常の平凡な生活がいかに幸せであるか，失って初めてわかる。

事故に関しては，発生する前に教育や管理によって，防止することが大切である。自然災害では，できるだけ迅速な対応が必要になる。とくに幼い命を預かる保育施設では，施設・設備の安全点検や日頃の避難訓練と防災計画が重要である。

乳児の安全を確保するためには，保育者の保護と管理が必要であり，幼児になると年齢や発達段階に応じた教育と指導を，幼児本人に行うことが大切である。

緊急事態が発生したときには，迅速に的確に対応し，子どもの安全を確保するために保育者がそれぞれの役割分担を十分に理解し，臨機応変に対処できるようにしておく。そのためには，危機管理マニュアルを作成し，危機管理体制を整備しておくことが重要である。

さらに，保護者へは事前に緊急時における園の対応，子どもの引き渡し方法，および避難先などを知らせておく。そして保護者の緊急連絡先など変更がないか，毎年確認しておく。

■保育者の連携や地域とのつながり

保育者は，災害時に子どもの生命の安全を確保し，不安にさせず守ることができるように，共通理解をもって連携を図るようにする。避難通路・経路や各職員の役割分担は，日頃の避難訓練において確

認しておく。

保育施設は、地域に開かれた社会資源である。併設施設や近隣住人、地域と合同で避難訓練を実施し、地域と綿密な協力、連携ができるように関係を築いておくことも必要である。

■命を守る教育

わが国の憲法の主要な理念の1つに、基本的人権がある。基本的人権は「互いに命を尊重し合う」ということがなければ成り立たない。人間の命に直接関係している健康と安全について、積極的な教育や管理が重要である。

安全教育は、自分の命を守り、他人の命を守ると同時に、生涯にわたって健康で安全な生活を送るための生涯教育でもある。

齋藤歖能(きよし)は身体的要素、知的要素、精神的要素、社会的要素の4つの要素からなる安全能力を伸ばすことが、安全教育には必要だと述べている。

---

(1) 身体的要素(健康・身体機能・運動能力)
　　危険を回避するための運動能力
(2) 知的要素(知識・知能)
　　安全に関する知識や知能を高める
(3) 精神的要素(性格・情緒・自己抑制)
　　情緒の安定を図り、正しく判断できるようにする
(4) 社会的要素(道徳・規範・社会性)
　　約束ごとや規則を守る

安全教育は、自他の命を尊重する精神をつくる教育と指導であり、生命の尊厳を知らせる教育の基本になる▶4。

保育者は、子どもと一緒にあらゆる機会において、具体的に何が危険か気づかせ、考えさせ、安全な行動がとれるようにする。

▶4 齋藤歖能『子どもの安全を考える』フレーベル館, 2004, pp.78–80.

■生と死について考える

　平和なときは「生と死」について冷静に考えることができるが，「死」は遥かかなたにあるもので，現実としてとらえることができない。だが本当は，日常生活のすぐ隣に「災害」があり「死」もある。何の心の準備もないまま災害に襲われ，愛する人々を亡くすこともある。「生」がある限り，必ず「死」は訪れる。ただそのときがいつであるかは，誰にもわからない。「生」と「死」の境界線を見ることはできない。「死」があるから「生」は尊く，命は大切である。

　そして，その命が守られ，育まれて大人になる。そこに「命の循環」がある。与えられた命を，また次の命につないでいかなければいけない。次の時代を支える子どもたちの命を，守り育てることが大人の義務であり，責任である。「命の循環」を止めてはいけない。日常生活のすぐ隣に「死」があるから，命を大切に守らなければならない。

■命への愛・命を大切にする

　「我々の生みおとした子はいかなる場合においても，限りなく尊い者で，それがいかなる職分をもって次の時代に働くかは，とうてい我々の考えの及ばぬところで，我々はただそれを尊敬し，それを大切にすることが肝心である」▶5 と，堺利彦は述べている。命を与えられたことだけで，尊いことである。自分と同じように命を与えられた他者も，尊いものである。自分の命が大切なように，他者の命も大切である。

　子どもは「あなたのいいところは，こういうところですよ」「先生は，あなたのいいところをちゃんと知っていますよ」と認められて，そのままの自分を愛されることにより，信頼感が発達する。そして，周囲の人に対しても信頼感を身に付けることができる。他者

▶5　堺利彦「家庭の新風味」(1901)『堺利彦全集第2巻』法律文化社，1971, p. 115。

を信頼し,大切にすることができるようになるのである。

3 愛情に満ちた環境づくり

■乳幼児が安心できる場としての保育施設

保育施設は子どもが集団で生活する場である。生命の安全の保障とともに,衛生的で健康的な生活が営まれる場でなければならない。さらに津守真は,保育施設は子どもが好きな遊びに没頭し,「真剣に生き,人間になってゆく場所」[6]と述べている。

保育所保育指針第1章「総則」1「保育所保育に関する基本原則」(4)「保育の環境」には「ウ 保育室は,温かな親しみとくつろぎの場となるとともに,生き生きと活動できる場となるように配慮すること」と記されている。保育室は子どもが生活し,さまざまな活動を展開する拠点となる場所である。それだけに子どもが自由に主体的に,遊びや活動を選んで過ごせる,居心地のよい環境が整えられなければならない。そのうえ,子どもの居場所として,情緒的安定が保たれる「くつろぎの場」となることが大切である。

■保育者との信頼関係

リード(Read, K. H.)は「先生の最初の仕事は,子どもとの間に信頼関係をつくりあげることである」[7]といい,子どもと保育者の間の信頼関係が重要であることを説いている。子どもは自分を守り,受け入れてくれる大人を信頼する。大人を信頼するという確かな気持ちが,子どもの発達を支えているのである。自分の存在が周囲の大人に認められ,守られているという安心感から生じる安定した情緒が支えとなって,自分の世界を拡大し,自立した生活へと向かっていく。

保育者が温かく子どもに接していると,子どもは敏感にそれを感

[6] 津守真『子ども学のはじまり』フレーベル館,1979,pp. 7-8。

[7] リード著,宮本美沙子・落合孝子訳『幼稚園——人間関係と学習の場』フレーベル館,1978, p. 189。

じとり心を開くようになる。こうして，子どもが保育者を信頼すると温かい人間関係が生まれ，そのなかで子どもは人間として成長する。

■教育的な配慮に満ちた保育施設

　保育の場では環境を教育的に整理して，それを子どもに提供することが求められる。保育者の願いやねらいや内容は，保育環境のなかに込められており，子どもがその環境とかかわって活動し展開するなかで，ねらいや内容が達成される。保育者は子どもが自らかかわりたくなるような，保育環境を用意する。

　幼児期は，知識や技能を教えられて身に付けていく時期ではない。この時期の教育は，生活を通して周囲のあらゆる環境からの刺激を受け止め，自分から興味をもってかかわり，さまざまな活動を展開し充実感や満足感を味わう体験が必要である。

　人間の生活や発達は，周囲の環境との相互関係によって行われるものである。子どもは心身の発達が著しく，環境からの影響を大きく受ける。そのため，この時期にどのような環境のもとで生活し，どのように環境とかかわったかが，発達や人間としての生き方に重要な意味をもつ。

　保育施設では，子どもにふさわしい生活を実現することを通して，その発達を可能にする。そのためには，家庭や地域と連携を図りながら，保育施設でこそ得られる経験が実現できるようにする。そこでは，子どもの発達の特性をふまえ，実情に即した教育内容を明らかにし，計画性をもった教育が行われなければならない。そして環境のなかに教育的価値を含ませながら，子どもが興味や関心をもって環境に取り組み，試行錯誤を経て，環境へのかかわり方を身に付けることができるようにする。

4 子どもの発達に即した教育課程にもとづいた保育

■子どもの発達の理解

　保育とは，子どもの発達を支える仕事である。とくに乳幼児期は，人間としての基礎ができる時期であるため，その時期の発達の特性を理解することは重要である。

　発達を理解するということは，年齢ごとの平均的な発達と比較してその差異を理解するように思われるが，それだけではない。真に発達を理解するには，それぞれの子どもが何に興味や関心をもってきたか，それに向かって自分の力をどのように発揮したか，友だちとの関係はどのように変化してきたか，1人ひとりの発達の実情を理解することである。

　子どもは人，物，自然などと出会い，感覚を磨きながら多様な経験を積み重ねていく。そして自らの生活を楽しみ，環境との出会いのなかでさまざまな能力を獲得していく。こうした過程そのものが，子どもの発達であるといえる。

■発達の特性と課題

　子どもは，1人ひとりの家庭環境や生活経験が異なる。そのため，1人ひとりの人や事物へのかかわり方，環境からの刺激の受け止め方が違ってくる。子どもはその子どもらしい仕方で環境に興味をもち，環境にかかわり，何らかの思いを実現し，発達するためにいろいろな体験をする。

　ときには，他の子どもと違った行動をとることがある。しかし，その行動を通して実現しようとしていることが，その子どもの発達にとっては大事である場合が多い。保育者は，子どもが主体的に環境とかかわり，自分の世界を広げていく過程を発達ととらえ，子ど

も1人ひとりの発達の特性（その子どもらしい見方，考え方，感じ方，かかわり方など）を理解し，その特性や子どもが抱えている発達の課題に応じた指導をする。

　発達の課題は，子ども1人ひとりの発達の姿により見出される，それぞれの課題である。子どもが興味や関心をもち，行おうとしている活動のなかで実現しようとしていることが，その子どもの発達にとっては意味がある。発達の課題は子どもの生活のなかで形を変え，いろいろな活動のなかに表現されることもある。保育者は子どもの発達の特性と発達の課題を把握し，その子どもらしさを損なわないように指導することが大切である。

■子どもの発達に関して長期的な見通しをもつ

　発達を見通すとは，こうあるべき姿というよりは，あくまで特徴的な発達の傾向や子どもの育ちの姿をとらえるのである。1人ひとりの子どもにねらいが着実に実現されていくためには，必要な体験を積み重ねていくことができるように，発達の過程を見通す。さらに教育的に価値のある環境を計画的に構成していかなければならない。

　発達の過程を見通す際の視点としては，園生活への適応，人間関係の変化，遊びへの取り組み方や環境への働きかけなどがある。その視点により，子どもがかかわっている活動の各々の展開を見通す。学期，年間，さらに入園から修了までの園生活，修了後の生活ということまで長期的に考え，子どもの発達を見通して現在の活動を位置づけ，経験の深まりを見通す。そして，望ましい方向へ向かうために必要な経験ができるように環境を構成する。

5 地域における子育て支援の拠点としての保育施設

■なぜ子育て支援が必要か

近年,家庭や地域社会が大きく変わり,子どもの育ちや子育てをめぐる環境も大きく変容した。その特徴的なことをまとめてみると,核家族化,少子化,地域社会の子育て機能の低下,母親の育児不安や孤立感,母親の子育ての負担の大きさ,などがあげられる。このようななかで,児童福祉法第2条にある「国及び地方公共団体は,児童の保護者とともに,児童を心身ともに健やかに育成する責任を負う」ことを具体化する活動として「子育て支援」がある。親や家庭における子どもの養育に対し,家庭以外の私的,公的,社会的機能が支援にかかわる営みである。

■子育て支援を行う保育施設

子育て支援における保育施設の強みとしては,まず地域に根ざしていることである。そして園庭や遊具などの物的資源,保育者という専門職の知識,経験,技術という人的資源を生かすことができる。

そのなかで具体的な支援としては下記の通りである。

---

(1) 保護者の相談に乗る(面接・電話)
(2) 園庭や施設の開放・交流(他の大人,子どもと交流する)
(3) 一時保育,預かり保育
(4) 日々の保育を通して,延長保育など

■保育者の専門職としての役割

子育てに不安や孤立感を抱いている保護者の話を,まずしっかり

傾聴し，受容すること。そして助言や，保護者に対する指導を行う。ただし，保育者が対応できない深刻な問題の場合は，専門機関につなげて解決する必要がある。そのためにも，専門機関との連携を築いておくことが大切である。

　園庭の開放などを行い，子どもとの遊びに関する手本を見せたり，子どもの遊びの意味することや発達の特徴を説明したりして，保護者に子どもとのかかわり方や遊ばせ方を身に付けてもらう。そして，他の親子と遊ぶ機会を提供することを通して，子どもと遊ぶことや子育てを楽しんでもらえるようにする。

■地域における役割

　子どもの家庭や地域での生活を含め，生活全体を豊かにし，健やかな成長を確保していくためには保育施設が家庭や地域社会との連携を深め，地域の実態や保護者および地域の人々の要請などに応える。そして地域における子どものセンターとして，その施設や機能を開放し，積極的に子育てを支援していく。

　保育施設には子育て支援の観点から，さまざまな役割が期待されている。地域の子どもの成長，発達を促進する場，遊びを伝え広げる場，保護者が子育ての喜びを共感する場，子育ての悩みや経験を交流する場，地域の子育てネットワークづくりをする場としての役割。各保育施設においては，地域の実態や保護者の要請に応じてさまざまな活動が行われている。

　また保育施設において，子ども，若者，高齢者を含むさまざまな年齢層の人々が世代間の交流を図り，知識や技術を伝え合い，人と人とのつながりを大切にしていく。子育て支援にかかわる活動のなかで，人と人とのつながりを通して，地域社会の活性化にも貢献していく。

　子育て支援の基本理念は，親も子どもと一緒に育ってもらうこと。社会が子育てにかかわり共に育てることで，親も育っていく。親と

子の絆を強め地域の人々の絆をも強めるという目標をもつ，子育て支援の拠点としての保育施設の果たす責任は非常に重いものである。

参考文献

浅井春夫『子どもを大切にする国・しない国』新日本出版，2006
エリクソン，E. H. 著，仁科弥生訳『幼児期と社会』みすず書房，1977
岡峻『子どもは育てられて育つ』慶應義塾大学出版会，2011
柏女霊峰『子育て支援と保育者の役割』フレーベル館，2003
佐々木正美『子どもへのまなざし』福音館書店，1998
塚本智宏『コルチャック──子どもの権利の尊重』子どもの未来社，2004
ユニセフ『世界子供白書　特別版』，2010

3章　福祉としての保育

1　養護と教育の一体性

■保育の特性を理解する

　児童の権利条約の基本的精神は,「児童に関するすべての措置をとるに当たっては,公的若しくは私的な社会福祉施設,裁判所,行政当局又は立法機関のいずれかによって行われるものであっても,児童の最善の利益 (the best interest of the child) が主として考慮されるもの」(第3条第1項) と示されている。保育所には,子どもの最善の利益を考慮し,子どもの生存と生活及成長を保障する福祉の営みを行うことが求められる。

　保育という言葉には養護的機能と教育的機能の両面が含まれている。保育とは乳幼児を対象にした養護・教育が一体的に展開されることを前提とした人的・社会的な活動といえる。乳幼児にとって,必要な知識や技術を身に付けることは,人間として生きるために重要なことである。たとえば,基本的生活習慣（食事,排泄,清潔,睡眠,等）の指導をあげることができる。この基本的生活習慣も養護と教育を分けて指導することはできない。子どもの健康的な生活を保育者が保障することで,子どもの発達や教育は成り立つからである。

　保育所保育指針第1章総則1「保育所保育に関する基本原則 (1)「保育所の役割」(イ) によると,保育の特質は,養護と教育が一体化され,生命の保持と情緒の安定（養護）を図りながら,1人ひと

りの子どもに,「経験させたいこと」「伝えたいこと」について,発達に応じた活動を促す（教育）ことであると示されている。

保育所保育指針　第1章　総則　1（1）「保育所の役割」
保育所は,その目的を達成するために,保育に関する専門性を有する職員が,家庭との緊密な連携の下に,子どもの状況や発達過程を踏まえ,保育所における環境を通して,養護及び教育を一体的に行うことを特性としている。

■「養護」と「教育」の関係

保育士などが「ねらい」と「内容」を具体的に把握するための視点として,「養護」と「教育」がある。「養護」とは,「生命の保持」及び「情緒の安定」を図るために保育士等が行う援助やかかわりを示し,保育所保育の土台となる。具体的には下記のとおりである。

生命の保持
(1) 病気とけがを防ぐ
(2) 1人ひとりの生活リズムを確立する
(3) 生活習慣の自立を援助する

情緒の安定
(1) 1人ひとりの子どもを受け止め,信頼関係を育む
(2) 子どもが主体的に育つよう援助する
(3) 子どもの状態を把握し,心身の疲れが癒されるようにする ▶1

▶1　大場幸夫『保育所保育指針ハンドブック』学研, 2008。

「教育」とは,「子どもが健やかに成長し,その活動がより豊かに展開されるための発達の援助」である。子どもは,幼稚園・保育所・認定こども園での生活を通して,資質・能力を育んでいく。ま

表3-1 保育の目標 [2]

養護	（ア）	生命の保持 情緒の安定	十分に養護の行き届いた環境の下に，くつろいだ雰囲気の中で子どものさまざまな欲求を満たし，生命の保持及び情緒の安定を図ること
教育	（イ）	健康	健康，安全など生活に必要な基本的な習慣や態度を養い，心身の健康の基礎を培うこと
	（ウ）	人間関係	人とのかかわりの中で，人に対する愛情と信頼感，そして人権を大切にする心を育てるとともに，自主，自立及び協調の態度を養い，道徳性の芽生えを培うこと
	（エ）	環境	生命，自然及び社会の事象についての興味や関心を育て，それらに対する豊かな心情や思考力の芽生えを培うこと
	（オ）	言葉	生活の中で，言葉への興味や関心を育て，話したり，聞いたり，相手の話を理解しようとするなど，言葉の豊かさを養うこと
	（カ）	表現	さまざまな体験を通して，豊かな感性や表現力を育み，創造性の芽生えを培うこと

た，「健康」「人間関係」「環境」「言葉」「表現」の5領域は，子どもの活動や体験が豊かになるように援助する生活や発達を見て取る窓口のようなものである。

保育所保育指針第1章総則1「保育所保育に関する基本原則（2）「保育の目標」を表3-1に示した。

表3-1のように，目標には，（ア）から（カ）までの6つの側面がある。（ア）は養護にかかわる目標，（イ）～（カ）は，教育内容の5領域から構成されている。5領域とは，子どもの育ちや発達をとらえる視点であり，小学校教育の教科をあらわす独立したものではないことに気をつけなければならない。

（イ）～（カ）の（イ）は「健康」，（ウ）は「人間関係」，（エ）は「環境」，（オ）は「言葉」，（カ）は「表現」に関する目標が示されている。この5領域にかかわる保育の目標は，学校教育法（昭和22年法律第26号）に規定されている幼稚園の目標と共通のもので

[2] 厚生労働省「保育所保育指針」(2017) 第1章「総則」を基に筆者が作成した。

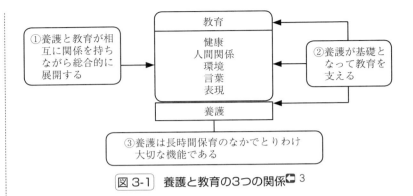

図 3-1 養護と教育の3つの関係 ➡ 3

➡ 3 大場幸夫『保育所保育指針ハンドブック』学研, 2008, p. 64。

ある。

　図 3-1 より, 保育の活動は, 「養護」の活動が基礎となって, 「教育」が展開される。保育所保育指針第1章「総則」1「養護に関する基本的事項」(1)「養護の理念」では, 保育所における保育は「養護及び教育を一体的に行うこと」を特性とし, 養護と教育が相互に関連して, 総合的に展開できるように保育を進めていく。その際, 保育者の保育観, 子ども観を確認しながら取り組んでいくことが大切である。

2 環境を通して行う教育

■環境を通して行う教育の意義

　幼児期は, 生活の中で自分の興味や欲求に基づいた直接的・具体的な体験を通して, ①人格形成の基礎となる豊かな心情, ②物事に自分からかかわろうとする意欲, ③健全な生活を営むための必要な態度などが培われる時期である。つまり, 自分の生活を離れて知識や技術を一方的に教えられて身に付けていくのではない。

　生活を通して子どもが周囲に存在するあらゆる環境からの刺激

を受け止め,子どもが自ら興味をもって意欲的に環境にかかわりながら,さまざまな活動を展開し,充実感や満足感を味わうという体験は,OECD (Organisation for Economic Co-operation and Development:経済協力開発機構) が幸せな人生を送るための主要能力の構成要素として示した非認知能力,社会的情動的スキルを育てる上でも大切なことである。

■生きる力と環境

最近は,少子化問題や都市化,情報化により,子どもたちを取り巻く社会は大きく変化してきている。そのため,幼児期から自然に触れる機会や,人と交わり心情的な力を身に付ける友だち関係が乏しい。そのため,物事に直面したときに解決する力など,心身の弱体化が著しくなってきている。人間形成の基礎を培う乳幼児期においては,生涯にわたってたくましく生きていくための力として,2017年（平成29年）の告示では,保育所保育指針第1章総則1「幼児教育を行う施設としての共有すべき事項」の(1)「育みたい資質・能力」では,3つの柱（学習指導要領と共通の枠組み）が示された。

(ア) 知識・技能の基礎
(イ) 思考力・判断力・表現力等の基礎
(ウ) 学びに向かう力・人間性等

保育者は,「保育の目標」をふまえて,これらの力を一体的に育成するために,子どもの能動性を促しながら,必要な体験が得られるような環境を準備する。すなわち,子どもたちが自己発揮できる環境を構成し,具体的で直接な体験を持てる機会を多くすることで環境を通した生きる力の育成につなげていく。

■保育者の役割と環境構成

　保育所保育指針第1章総則4「幼児教育を行う施設としての共有すべき事項」として（2）「幼児期の終わりまでに育ってほしい姿」が挙げられている。これは，多くの研究や実践を受けて，知的な面，情意的自己統制，人間関係や協同などを幅広く示し，5領域の内容と資質・能力の3つの柱をあわせもったものである。気をつけたいのは，子どもの能力や活動の成果ではなく，さまざまな活動を通じて現れる子どもの具体的な様子として10の姿としていることである。10の姿の視点は，

　　◎幼児の自発的な活動としての遊びを通して育てる
　　◎指導の積み重ねとなる
　　◎5歳児後半の評価の手立てとなる

　子どもが生活の中で出会うすべてが環境である。すなわち，保育者が子どもが遊ぶことのできる保育環境を整えることで，子どもは豊かな経験をすることができる。そのため，保育者の重要な役割が環境構成である。

　たとえば，入園当初，園生活になじめないで泣いてばかりのケンタは園庭にあるウサギ小屋を見つけた。ケンタは，登園するとウサギ小屋の前に行くようになった。保育者がケンタの横に寄り添い，一緒にウサギを見た。2，3日してケンタはウサギの餌といって，キャベツを持ってきた。その様子を見ていた同じクラスのユウコもケンタの傍で，ウサギに餌をあげるようになった。ケンタは，保育者を仲立ちとして，ウサギに餌を与え，友だちとの関係が広がり，周囲のさまざまな環境にも好奇心や探求心をもって意欲的にかかわることができるようになった。

　このようなことから，保育者の役割と環境構成のポイントは，次の3点があげられる。

> (1) 子どもが自主的に活動を展開するための環境とは何かを考え、より遊びが発展する環境構成に配慮する。
> (2) 子どもとのコミュニケーションを通して、子どもが今何を求めているか、1人ひとりの子どもの声をうけとめ、必要な援助は何かをさぐる。
> (3) 子どもを理解すると同時に子どもが行う活動やかかわるものの性質について、保育者が専門的な知識をもつ。

　次に、子どもの主体的な活動の援助者としての保育者の役割には、「指導」と「援助」がある。
　「指導」とは、幼児を好ましい方向へと導く直接的な働きかけをすることである。つまり、子どもが自発的に活動できるように側面から援助をしながら、ねらいや内容に向かって、活動を展開する営みを指導と呼ぶ。
　「援助」とは、子どもへのかかわり方の根幹の部分で、子どもへのきめ細かい対応をしながらその思いに寄り添っていくことである。この子は何をしたいのか、どうするのだろうか。また、子どもが何かをしているそばに保育者がじっといて暖かい視線をなげかけることなどである。
　指導と援助は子どもの何を育てようとしているのか。あるいは、何が育とうとしているのかを見極めることで、そのあり方が変わってくる。「指導」「援助」は、相互に関連し、孤立した存在ではない。

■人的環境としての保育者のかかわり

　保育者の興味や関心が子どもに与える影響は大きい。子どもが環境とかかわる力は、保育者の環境にかかわる力がそのまま影響する。次に、保育者が環境にかかわる活動の内容を構成し、子どもの育ちを期待した事例を挙げる。

> **事例1** 雪，好き（2歳児）
>
> 　2月の雪の日，保育室にいたヨウコは雪を見て外に出たがった。保育者に引き留められて膝の上に抱かれた。保育者は，ヨウコを膝に抱きかかえて，チラチラ舞い落ちてくる雪を一緒に手にとって遊んだ。ヨウコは，「ちらちら」といって，保育者に話しかけた。保育者もヨウコの言葉を真似て，「ちらちら」といった。次に保育者は，手の平に落ちた雪を「ベタベタ」と言った。ヨウコも，「べたべた」といいながら，舞い落ちる雪を手のひらに受けて，手を合わせた。
>
> 　雪はヨウコの足の上にも落ちた。嬉しそうにヨウコは，保育者を見てほほ笑んだ。ヨウコは次に，片方の足を前に出したり，後頭部を差し出したりした。ヨウコは，「あー，冷たい」というと，保育者は，「あー，冷たいよ。頭，濡れて，冷たいから手だけにしようね」。ヨウコは頭を引き込めて，両手をさし出した。保育者は，「あー冷たかったね」といった。するとヨウコは，「雪，好き」といって，走っていった。

　事例1の「雪，好き」では，ヨウコが雪を眺めたり触れたり，雪の音を集めたりして，保育者と心地よい繰り返しの言葉で保育者に話しかけた。ヨウコは言葉のリズムを楽しみながら，雪の遊びを楽しんでいる。保育者が子どもの援助者となることで，生命の実感のある遊びへと遊びが広がり深まった。保育者は，子どもの内面を育みながら，子どもの気づきと感動を受け止め，共感しながらかかわることで，人的環境としての保育者の存在がある。

■子ども同士のかかわりを通して

　保育所や幼稚園の園庭では，集団の場で経験できる，異年齢の子どもとの遊びがある。そこでは，年齢を超えた年長者が年少者をいたわる思いやりや気づきから，子ども同士の遊びが広がっていく事例を挙げる。

> **事例2** だるまさんがころんだ──異年齢児の伝承遊び
>
> 　5歳児が「だるまさんがころんだ」で遊んでいた。傍で見ていた3歳児に対し，5歳児が「おいで，一緒にあそぼう」と声かけをした。5歳児は，「だるまさんがころんだ」の，「だるまさん」のところを，3歳児がわかりやすいように，「ねこさんがころんだ」にした。3歳児は「だるまさん」とは何か理解していなかったので，3歳児に親しみのある他の動物におきかえた。5歳児は遊び方を自分たちよりも年齢の低い3歳児に見合うよう，遊びを工夫してルールを教えた。

　事例2の「だるまさんがころんだ」から，異年齢児の子ども同士のかかわりの場は，①5歳児は3歳児に対しては，遊びのルールを教えて，リーダーシップをとるようになった。②5歳児は，自分たちよりも年齢の低い3歳児に対して，思いやりの言葉や態度でかかわることができ3歳児に慕われる喜びが自信につながった。③3歳児は「だるまさんがころんだ」の遊びの経験から，3歳児同士でも，友だちと一緒に遊べるようになった。

■身近な素材で作ることの楽しさ

　自然を構成する具体的な素材は，水，土，砂が基本である。子どもはこのような自然の素材に触れながら，作ることや作ったもので遊ぶことで，自然と遊ぶ楽しさを味わい，自然への畏敬の念の基礎を形成していく。

> **事例3** 泥遊び（4歳児）
>
> 　4歳の子どもが雨上がりの園庭で，水たまりにできた泥で泥団子遊びをしていた。その様子を見ていた友だちが，「もっと，水をいれたらいいよ」といって，ジョウロに水をいれて水を降らせた。「あめ，あめ，ふれ，ふれ」と歌いながら他の子どもたちが駆け寄ってきた。すると，泥を体につけて

遊びはじめた。泥遊びの輪が広がっていった。「キャ，キャ」という子どもたちの歓声と，「おばけだぞ」「どろんこ服だぞ」と声があがった。

　事例3より，子どもは自然の素材である土や水で泥団子を作り，また，水たまりから土が泥に変化するなど，土と水の配合を楽しむことができた。つまり，子どもたちは自ら身近な環境にかかわり，自分との関係をつくり広げていった。こうした，さまざまな物や人と出会い遊びが生まれる。

3　学校教育の基盤

　幼児教育の基本は，「生涯にわたる人格形成の基礎を培う」重要な時期であり，学校教育の基盤となる学力や道徳観の土台づくりとなる。そして，保育所・幼稚園・認定こども園の保育内容5領域の健康・人間関係・環境・言葉・表現で培われた力は，接続期における小学校教育のすべての教科学習の学びにつながっていく。

■生活をつくる

　自立を目指す保育として保育所保育指針の保育目標では，「人との関わりの中で，人に対する愛情と信頼感，そして人権を大切にする心を育てるとともに，自主，自立及び協調性の態度を養い，道徳性の芽生えを培うこと」と示されている。

　子どもが園で心地よい生活をし，自分の生活を営む力を育てるためには，自立しようとする意欲が求められる。つまり，乳幼児期は発達に応じて，自主的に生活に必要な力を獲得することが次への小学校教育につながっていく。

　倉橋惣三は，教育の生活化を「生活を生活で生活へ」と唱え，子どもが子どもとして主体的に活動して生活するのが保育であり，保

育者は，子どもと一緒に生活しながら，側面から援助していく存在としている。

■幼児期の学びとは

遊びを通じて培われる幼児期の学びは小学校以降の学習活動の土台になっていく。幼児期に身に付けておきたい学び3点を図3-2に示した。

①体を使ってたくさん遊ぶ，②感動する心をもつ，③人とかかわりがもてる，以上の3点である。たとえば，

図3-2 入学までに身に付けてほしいこと ▶4

・体を使って遊ぶ：にわとりと追いかけごっこをする。
　　にわとりを抱くと柔らかくて温かいことを感じる。
・人とかかわりがもてる：友だちと相談したりして，言葉による伝え合いをする。
　　にわとり小屋の掃除当番をきめる。
・感動する心をもつ：自分が与えた餌をにわとりが食べることで「ぼくのあげた餌，食べた」と世話をする喜びを知る。または，にわとりが卵を産むのを観察して，生命の誕生を知る。あるいは，遊び世話をしていたにわとりの死別を体験し，命あるものは「はかない」ことを知る。

このように，にわとりとの遊びを通して，幼児が自ら友だちと相談してにわとり小屋の掃除をしようと課題をみつけるなど，遊びの中に目的意識が生まれ，命あるもののはかなさも知っていく。つまり，知と心と体のバランスが養われていくのである。

▶4 佐賀市教育委員会『佐賀市の幼児教育』，2017。

■保・幼・認・小連携の必要性

　遊びを中心とした生活の中で，小学校教育の基盤となっていく心や体，人とかかわる力，探究心や好奇心，表現力，思考力など人格形成の基礎を身に付ける。しかし，就学前に養った力が小学校での生活や学習になめらかに接続していくためには，保育者と小学校教諭との連携が不可欠になってくる。

　しかし，それまでの教育・保育内容の違い等から，小学校入学後に戸惑いをみせる子どもが多くなってきている。

　授業中に立ち歩く，机の前に座って話が聞けない，授業に集中できなく自分の好きなことをしているなど，授業が成立しない「小1問題」（小1プロブレム）⇨5 が指摘されている。こうした状況を解消するために，小学校入学後，授業になじめるように生活科を中心にして，国語や音楽，図工などの活動を取り入れながら徐々に授業に慣れるよう工夫された教育課程，「スタートカリキュラム」が試みられている。

■学校教育との連携

　保育所保育指針の第2章「保育の内容」の3「3歳以上児の保育に関わるねらいおよび内容」では，「小学校以降の生活や学習の基盤の育成につながることに留意し，幼児期にふさわしい生活を通して，創造的な思考や主体的な生活態度などの基礎を培うようにすること」と示されている。なお，2017（平成29）年の告示では，前回の改定で割愛された「内容の取扱い」については，幼稚園教育要領にならって掲載している。「幼児教育を行う施設として共有すべき事項」（第1章「総則」）として取り扱い，正式に法的な文章で書かれているのである。保育所も幼児教育施設として，「育みたい資質・能力」や「幼児期の終わりまでに育ってほしい姿」から学びの基礎を十分に身に付ける。保育所，幼稚園，認定こども園で培われ

⇨5　無藤隆，古賀松香『社会情動的スキルを育む「保育内容 人間関係」——乳幼児期から小学校へつなぐ非認知能力とは』北大路書房，2016。

た学びの力は，小学校の各教科での本格的な学びへと円滑につながることが期待されている。

そのためには，保育実践において，子ども理解に努め保育課題を見極め，柔軟に全体的な計画を立案していくことは大切である。

幼稚園や保育所，認定こども園での子どもの生活や育ちが小学校教育の学習や教育につながっていくよう，保育者や小学校教諭はお互いに連携・協力し，相互理解を深めて，見通しのある指導を進めていくことが求められる。

参考文献
厚生労働省『保育所保育指針』フレーベル館，2017
無藤隆・汐見稔幸・砂上史子『ここがポイント！3法令ガイドブック——新しい『幼稚園教育要領』『保育所保育指針』『幼保連携型認定こども園教育・保育要領』の理解のために』フレーベル館，2017
矢野正・小川圭子編『保育と環境』嵯峨野書院，2011

4章　子どもの発達と母性的かかわり

1 発達段階の理解――個人差と平均値

■発達とは

　人は，受胎してから死に至るまでその生涯において，時間経過とともに，その心身や行動がさまざまに変化する。

　発達と聞くと，子どもの体重の増加や，能力の獲得といった右肩上がりのイメージをするかもしれない。しかし，その変化は量の獲得・増大だけではない。加齢によって身長が縮む，筋力が低下するといったように能力が衰えていく高齢者においても，歳を重ねるごとに円熟味が増していくといった質的な深まりや向上を期待できる場合もある。乳幼児にも同様のことが見られる。たとえば，誕生後まもなく外部からの刺激なしに生起する自発的な微笑みは，他者からの話しかけや笑いに応じて微笑むより高次の社会的微笑に移っていく際に，入れ替わるように消えていく。

　このように発達には，新しいことができる，強くなるという過程と，以前にあったものが弱まり消えていくという相反する2つの過程があり，これらが関係し合って展開しているのである。人の発達とは，受精の瞬間から死に至るまでの心身や行動が，時間経過とともに，その量と質の両面にわたって獲得・増大と消失・弱小化を絡み合わせながらダイナミックに変化することなのである。

■発達をプロセスとして見る

　保育所保育指針，幼稚園教育要領，幼保連携型認定こども園教育・保育要領において，発達はどのようにとらえられているのか確認しておこう🢂1。

　いずれも，保育における発達とは，子ども自身が自ら周囲の環境に働きかけ，人，物，事象と応答しながらさまざまな力を獲得して自らの世界を広げていくことと考えられている。しかもその場合，何かができるといった能力や技能，知識を獲得する「結果」のみを指すのではなく，むしろ，そこに至る「プロセス」としてとらえられている。このように発達をプロセスととらえると，一見，望ましくないと受け取られがちな子どものけんかやいざこざも，それを通して子どもが他者とのかかわり方を学ぶ体験として，重要な意味をもってくる。

■発達段階とは

　一般的に人間の発達には，それぞれの年齢に特有の段階（ステージ）がある。これを発達段階という。発達段階とは，ある時期にみられる独自の質的特徴をもとにして，その時期を他の時期から区別し，独立した段階のことである。保育所保育指針では，0歳から6歳までの発達を3段階（0歳児，1歳以上3歳未満，3歳から5歳）に分けている。ここで注意したいのは，これはあくまで多くの子どもがたどる変容過程を一般化した平均値であって，絶対的な標準ではないということである。もし発達段階が絶対的な基準を示すものとしてとらえられると，個々の子どもの発達も，それに照らし合わせて「できる」か「できない」という結果として判断されがちである。その結果，発達する主体である子どもの思いや葛藤など内面を顧みずに，早く「できる」ことを目指して保育する危険に陥りやすい。結果ではなくプロセスとしてとらえていることを明確にするために，

🢂1　保育所保育指針では「子どもの発達について理解し，一人一人の発達過程に応じて保育すること。その際，子どもの個人差に十分配慮すること」，幼稚園教育要領では「幼児の発達は，心身の諸側面が相互に関連し合い，多様な経過をたどって成し遂げられていくものであること，また，幼児の生活経験がそれぞれ異なることなどを考慮して，幼児一人一人の特性に応じ，発達の課題に即した指導を行うようにすること」，幼保連携型認定こども園教育・保育要領では「乳幼児期における発達は，心身の諸側面が相互に関連し合い，多様な経過をたどって成し遂げられていくものであること，また、園児の生活経験がそれぞれ異なることなどを考慮して，園児一人一人の特性や発達の過程に応じ，発達の課題に即した指導を行うようにすること」。

保育所保育指針では「発達過程」という言葉を用いている。

　子どもの発達を援助する保育者にとって，段階ごとの発達の特性を理解して大まかな見通しをもつことは重要であるが，あくまで個々の子どもの発達状態を調べる参考とする程度の利用にとどめるべきである。保育者が大切にすべきことは，外側から設定された枠組みや課題ではなく，目の前にいる子ども1人ひとりが，現在の状況をどのように乗り越えようとしているかというその子なりの変容のプロセスであり，力の発揮である。

■発達の個人差

　首が座り，寝返りができ，お座り，つかまり立ち，歩行といったように，発達段階は一定の順序で移行していくが，いつ次の段階に移行するか，その時期については，平均的な目安はあっても，個人によって異なる。発達の遅い子もいれば早くから達成できる子もおり，誰でも一律に同じというわけではない。とくに乳幼児期においては，その子どもを取り巻く環境や，もともとその子どもがもって生まれたものによって，発達段階への到達やそのプロセスには大きな個人差がある。いわゆる早咲き，遅咲きと呼ばれるものである。子どもの発達が平均値に合わないからといって心配しすぎたり，あきらめてしまったりすることは，今後の子どもの発達の可能性を無視することになり，その子ども独自の発達に気がつかないでいることになる。それゆえ，早咲き，遅咲きにかかわらず，保育者には，その子の「今」を大切にして充実できるように，乳幼児期の個人差の大きさへの深い理解が必要である。

　他方，子どものなかには，発達段階にみられる子どもの発達の姿とは異なり，その子なりの発達を遂げる場合もある。たとえば，発達の過度に遅い子どもや，周りの人やものと独自なかかわり方や受け止め方をしながら発達する子どもである。このように発達の緩慢さをもつ子どもは，他方では生きづらさやしんどさを抱えている場

➡2　子どもの発達の遅れについて，保護者や保育者の気づきもあるが，公的な診断の機会として地域の保健所・市区町村保健センターで行われる3～4カ月児健診・1歳6カ月児健診・3歳児健診・5歳児健診，就学前健診がある。このほか児童相談所，小児科の発達外来や療育センターなども利用できる。

合が多い。そのような場合は，早い時期に医者，保健師，カウンセラーなどの専門家と連携して⇨2，その子どもなりの発達について周囲の理解を得ながら本人のしんどさを緩和し，子どもにとって充実した乳幼児期を過ごすための援助が必要である。

どの子どもにも，もって生まれた成長しようとする力がある。そして，1人ひとりの子どもには，他の子どもとは違うその子自身の人生がある。保育者はそれを信じて，その子どもなりの育ちの過程をゆったりと構えて見守り，喜ぶ態度が必要である。

2 生涯発達の視点からみた乳幼児への教育
―喜怒哀楽を素直に表現する子どもを育てる

私たち人間は生まれてから死ぬまで一生涯を通じて，生理的・身体的・精神的に変化し続ける存在である。とりわけ乳幼児期は心身の発達が著しく，「三つ子の魂百まで」ということわざが示すように，人格形成の基礎をなす重要な時期である。ここでは，乳幼児の発達の特徴と，それに対応した乳幼児期ならではの教育について考えてみよう。

■生きる力をもって生まれてくる人間の赤ちゃん

人間の赤ちゃんは依存性が高く，無力な状態で生まれてくる。牛や馬が誕生後間もなく立ち上がり歩くことができるのに対して，人間の赤ちゃんは歩行や言葉を獲得するのに約1年を要する⇨3。そのため，長期間にわたり大人による手厚い世話を必要とする。同時に，人間の赤ちゃんは，目の前にあるものをじっと見つめ，手を伸ばしてつかもうとしたり，口に入れてなめてみたり，近くで聞こえる音に耳を傾けながら，自ら積極的に周囲の人や物に働きかける力をもって生まれてくる⇨4。赤ちゃんの環境とかかわろうとする意欲と大人の養育行動とが呼応し合って，人間ならではのさまざまな

⇨3 ポルトマン著，高木正孝訳『人間はどこまで動物か』岩波書店，1961。ポルトマン（Portmann, A., 1897～1982）は，依存性が高く，ひ弱な状態の人間の新生児が，生まれた後の社会で人間としての諸能力を獲得することを「1年の生理的早産」と特徴づけた。

⇨4 フレーベル著，荒井武訳『人間の教育（上）』岩波書店，1964，pp. 38-39。フレーベル（Fröbel, F. W. A., 1780～1852）は，乳児は全存在を1つの大きな眼にして，周囲のものを自分のうちに取り込む時代であるととらえ，乳児を取り巻く環境は，澄んだ空気や清潔さはもちろんのこと，父や母の信頼や愛に満ちたまなざしの下でなければならないと説いている。

能力を獲得していくのである。このように人間の赤ちゃんは、人間になっていく可能性（生きる力）に富んだ存在なのである。そのため、乳児期の発達にとって、子どもを取り巻く環境や周囲の大人の働きかけが重要となる。

■乳児の泣くこと・笑うこと

乳児は泣くことで不快な状況を周囲の大人に訴える。すると母親をはじめとした周囲の大人は、お腹がすいたのか、おむつを替えてほしいのか、寒いのか、どこか痛いのかと想像力を働かせて乳児の要求に応答する。養育者がタイミングよく応えてくれると乳児は安心して泣きやむ。養育者は、乳児が泣きやむと、自分のとった養育行動が的確であったことを知り安堵するし、子どもの要求に応え、子どもの育ちを支えているという喜びと自信が生まれる。それは育てる者としての自覚をもつことにつながる。他方、乳児は泣いたらいつも応じてくれ、不快を取り去り安心感を与えてくれる特定の他者に親しみをもち、その人との間に絶対的な信頼感➡5 をもつようになる。養育者との生活がすべてである乳児にとって、養育者との間に成立する信頼感は自分がこの世の中に受け入れられているという自分を取り巻く世界への信頼感でもある。これを基盤として、乳児は外の世界への探索行動へと出かけていくことができる。何かあったらすぐに帰って来られる安心できる場所があるからこそ、未知の世界への一歩を踏み出すことができるのである➡6。

また、生まれて間もない乳児は、まどろんでいる状態のときに微笑むことがある。これは生理的微笑である。けれども、養育者は乳児の笑顔に引き込まれ、思わず「あっ、笑った」「うれしいの」と声をかけたり、頬に触れたりしながら微笑みを返す。この応答が、生後3カ月頃になる乳児の、周囲の大人からの働きかけに積極的に微笑みそのやり取りを楽しむ社会的な微笑へと変化していく。この社会的微笑は、乳児が他者とかかわる喜びを分かち合っていること

➡5 エリクソン（Erikson, E. H., 1902～1994）は、乳児期に養育者との関係のなかで経験される安心感・安全感などを通じて確立される人間や世界に対する信頼感を「基本的信頼」と呼び、その必要性を説いた。ボウルビィ（Bowlby, J., 1907～1990）は、発達初期の母子の相互交渉によって築かれる情緒的な絆のことをアタッチメントと呼び、その形成の重要性を主張した。

➡6 子どもが外の世界に向かう際の心の拠り所の対象を、エインズワース（Ainsworth, M. D. S., 1913～1999）は、安全基地としての役割を果たしているとした。子どもはそこで安全を確かめると、再び外の世界への探索へと向かうことができる。

であり，養育者との間に愛着を形成した証拠である。

乳児の泣くこと，笑うことは養育者との応答関係を紡ぎだす。その積み重ねのなかで，乳児は安心して自分を丸ごと委ねることのできる養育者との絆を強め，この世が信頼できる世界であることを感得していくのである⮕7。

■幼児の豊かな感情表現

乳児の泣き・笑いは，信頼できる養育者とのかかわりを通して，しだいに喜怒哀楽といった意味をもった感情表出になってくる。乳児期に受け入れられていることを十分に味わった子どもは，何の不安もなくありのままの自分の喜びや悲しみ，驚きといった自己の内面を自由に表現して，より他者との情緒の伝え合いを求める。人間が他者とかかわり，コミュニケーションをとるための土台として，喜怒哀楽を素直に表現できるようにすることは重要である。

そのためには，思いっきり泣いたり，笑ったり，悲しんだりする感情の土壌を豊かに耕し，その振幅を大きくするような体験をすることが重要である。広い原っぱを思いっきり走る，水たまりを見つけてバシャバシャ足踏みする，大きな声をあげて笑いころげる，鬼ごっこで本気でこわがって逃げる・追いかける，散歩の途中に美しい花や小さな虫を見つけて喜ぶ，自分の後をまるで追いかけてくるように見える月を不思議だなあと感じる，はじめて1人でおつかいに出かけたときの不安や心細さ，見慣れたわが家の前で待っている母親を見つけて思わず駆け寄り広がる安堵感⮕8 等々，多様な感情の揺れ動きを味わい，それを表現できる機会を数多くつくることが子どもの感情表現を豊かにする。

その際，子どもが感情を素直に表現したときに，それを受け止め，共感し，共に驚き，悲しむといったように感情を交わしあえる身近な大人や友だちの存在が不可欠である。応答してくれる他者がいることで，子どものうれしさは倍のうれしさになり，つらいこと・悲

⮕7 瀧井宏臣『こども達のライフハザード』岩波書店，2004。いくら泣いても応答してくれる他者がいなければ，やがて子どもは感情を外へと表現することをやめる。表情に乏しくなり，自己を内に閉じてしまう。このような無表情の子どもをサイレントベビーと呼び，現在そのような子どもが増えていることを瀧井は指摘している。

⮕8 筒井頼子作・林明子絵『はじめてのおつかい』（こどものとも傑作集）福音館書店，1977。子どもがお母さんに頼まれて初めて1人でおつかいに行くときの不安感やとまどいや，やり遂げたときの喜びが，子どもの心臓の鼓動が聞こえそうなくらい，子どもの気持ちに立って丁寧に描かれている。

しいことも癒やされ落ち着く。感情の表出を共感し，わがことのように受け止めてくれる大人や友だちがいることにより，子どもは1人ではないことを実感し，人とかかわる喜びを味わうことができる。

このように，その時期でしか子どもが味わうことのできない経験を十分にすること，それによって沸き上がる喜怒哀楽の感情を共有し合うことこそ，かたわらにいる大人の大切な仕事といえよう。

3 乳幼児期（就学前）に身に付けたい基礎的な事項

豊かな感情表現とそれを共有し合う人とのかかわり合いを土台にして，乳幼児は社会の一員として生きていくために必要なさまざまな習慣・態度を形成していく。就学前までに身に付けたい基礎的な事項について考えてみよう。

■基本的信頼感

子どもにとって母親や周囲にいる大人は，いつもそばにいてくれ，優しい声で語りかけ，授乳，おむつ替え，衣服の調節を行いながら不安を取り除き，快適な状態にし，抱き上げ，あやしてくれるといったこまやかな世話をして子どもの欲求を満たしてくれる特別な存在である。子どもが，養育者と基本的信頼感で結ばれ愛されていること，この世に受け入れられていること，養育者と自分を包む世界は安心・安全で，温かく守ってくれるところであると感じとることは，以後の子どもの発達を支える原動力となる。家庭のみならず，保育所や幼稚園においても，親子のような愛情関係にもとづいた子どもと保育者のかかわりが必要なことはいうまでもない。

■基本的生活習慣

養育者との情緒的な絆を基盤として，食事，排泄（はいせつ），睡眠，衣服の

着脱，清潔といった基本的生活習慣を子どもが身に付けることも重要である。これはヒトとしての子どもが，生まれてきた社会の行動様式や習慣，規範，あるいはその社会が創り上げてきた言葉や価値観といった文化を獲得してしだいに人間らしくなっていく社会化・文化化のプロセスでもある。他のだれとも代替できない，この世に生まれてきたかけがえのないたった1つの〈命〉をもった尊厳ある人間としての意味を感じとる営みでもある。

　「食」を例にとって考えてみよう。子どもの身体の成長や活動のエネルギー源として，栄養バランスのとれた規則正しい食習慣を身に付けることが重要である。種々の料理をいただくことにより，視覚，嗅覚，味覚といった感覚や感性も育成される。同時に食事は，人間らしい食事のマナーを習得する機会でもある。たとえば食前の手洗い，食後の歯磨き，どんなに空腹であってもみんなが揃うのを待ってあいさつをしていただく，箸の正しい使い方，好き嫌いをしない，テーブルを共にする人たちとペースを合わせて食べるなどである。家族や友だちと共に食べることを通じて，コミュニケーション能力やそのグループの一員であることの喜びや連帯感，自覚をもつことができる。甘いおやつを友だちと分け合って食べるとき思わず顔を見合わせ笑顔がこぼれる満足感・充実感に満たされる体験は，幸福のイメージとして子どもの心に根づくであろうし，正月，節分，雛祭り，お月見など季節ごとの行事も，食事を通していっそう鮮明な体験として子どもの心に残るであろう。

　ところで，食事は多くの人々の手を経て，植物や動物の命そのものをいただく営みであることを実感する場でもある。食事の前後の「いただきます」「ごちそうさま」のあいさつは，食事開始と終了を告げる合図のための掛け声ではなく，食事を作ってくれた人，食材を提供してくれた人への感謝はもちろんのこと，命を差し出してくれた植物や動物への感謝の言葉であり，食事はあらゆる命のつながりのなかで生かされていることに気づく機会でもある。このように

「食」には，心身の健康や人間として生きるうえで重要なことが数多く含まれている。

近年の人々を取り巻く社会状況の変化や，それにともなう個食や孤食といわれる食生活のありよう🔲9 をふまえ，2005 年に「食育基本法」が制定された。それをうけて保育所や幼稚園で食育が推進されている。これは栄養摂取や健康増進のみならず，上述からも明らかなように「食」が豊かな人間性を育む基礎として考えられているからである。食事をはじめとする排泄，睡眠といった当たり前のことと見られがちな基本的生活習慣をもう一度見直し，乳幼児期におけるそれらの育成の重要性を再確認する必要がある。

■遊びを通して身に付ける社会的態度

生活と同様に総合的な活動である遊びを通して，子どもは社会生活における望ましい態度を獲得する。友だちと楽しく遊ぶためには順番を守り，協力すること，我慢すること，待つこと，遊具の貸し借りや譲り合いといった社会性やルールを守ろうとする規範意識は，仲間と遊ぶ体験を通して身に付けられる。

また，自分の思いを言葉で相手に伝え，相手の主張にも耳を傾けるといったコミュニケーション能力も，乳幼児期に身に付けたい基礎的な事項といえよう。そのためには，子どもにそうなってほしいと願うことを子どもの身近にいる養育者や保育者が行うことが重要である。自分の気持ちを言葉で表現できるようになるためには，子どもが話したくなるように母親や保育者が子どもと視線を合わせて聞く姿勢を見せて相槌を打ちながら聞くことによって，子どもは話したいという気持ちをもつ。子どもの気持ちに寄り添って，ゆったりと聞く雰囲気をもつことが大事である。

以上のように，養育者との基本的信頼感，乳幼児期の生活や遊びを通して基本的生活習慣や人間らしさの基礎としてのコミュニケーション能力，さらには社会の一員としての態度や規範意識を獲得で

🔲9 NHK「子ども達の食卓プロジェクト」『知っていますか 子ども達の食卓』NHK出版，2000。岩村暢子『変わる家族 変わる食卓――真実に破壊されるマーケティング常識』勁草書房，2003。伏木亨・山極寿一編『いま〈食べること〉を問う――本能と文化の視点から』農山漁村文化協会，2006。いずれも現代の食の状況や問題について具体的に記されている。

きるように，養育者や保育者は環境を整え，援助していく必要がある。

4 子どもの望ましい発達を支える母性的な保育者

　乳幼児の発達とそのかかわりについて考えてきたが，特筆すべき点は，心身ともに目覚ましい成長・発達を遂げる乳幼児期に，父母をはじめとして保育者など周りの大人から愛されて育つことが何よりも大切であること，愛されて育つことによって，将来人を愛し，自分をも愛せる人間に成長できるということである。長い人生のスタートの時点でいかに愛されて育てられるか，その重要性はどれほど強調しても強調しすぎることにはならないだろう。

　それは，日常生活における大人と子どもが応答する積み重ねのなかで実現される。たとえば，授乳のとき，おむつを交換するとき，衣服の着替えのときに黙って行うのではなく，「お腹いっぱいになったね」とか「気持ちよくなったね」「おお寒い，寒い」などと声をかけ，乳児の頬に触れたり，背中をさすったり，足をなでたりしながら養育行動を行うことである。まだ言葉を話せない乳児であるが，父母や保育者がいかに自分のことを大切に思っているか，触れる手の温かさや感触，優しい言葉かけ，満ち足りた満足感やさっぱりとした心地よさ等から，たしかに実感しているのである。

　親と子の身体的な触れ合いが心情的な絆を育むことの重要性を，鋭く指摘していたのはペスタロッチ（Pestalozzi, J. H., 1746～1827）である▶10。彼は，父親が囲炉裏の火で温めたパンを子どもに手渡すことについて，たとえ幼な子が感謝という言葉を知らなくても，子どもは手渡されたパンのぬくもりのなかに，父親が自分のことを愛し守ってくれているという絶対的な信頼を感じとっていると述べる。

　乳児の最初の「歩行」さえも養育者の愛情が支えとなっている。人間は放っておいて，自然に歩けるようになるわけではない。「歩

▶10　ペスタロッチー著，長田新訳『隠者の夕暮れ・シュタンツだより』岩波書店，1982。

きたい」という発達への願いをもった子どもに寄り添い，その力を発揮させるよう，腰を低めてここまでおいでと手を差し伸べる養育者の子どもへの愛情が子どもを立たせ歩かせる。だからこそ，子どもは転んでも何度でも起き上がって，差し伸べられる手の方へ歩こうとするのである。

　他方，幼稚園や保育所，認定こども園で3歳前後の子どもが盛んに保育者に「見て，見て」「見てて」と声をかける光景を目にする。これは，子どもが「こんなごちそうができたよ」「こんな高いところまで登れたよ」と自分の作ったものや行動を保育者に認めてもらいたい気持ちの表れであろう。子どもから声をかけられた保育者はただ視線を送るだけでなく，「おいしそうね」とか「お空に届きそうなくらい高いね」と子どもの気持ちをくみ取って応答すると，子どもは満足した表情でまた活動を続ける。自分が受け止められたと感じて安心するのである。子どもは自分の存在をだれかに受け入れてもらい，丸ごと包み込んでもらいたいと願っている。子どもはそれを拠り所として，次の活動へ向かうことができるのである。

　このように，家庭や保育所，幼稚園において，大人は出会ったすべての子どもに対して愛情をもって接しなければならない。なぜならば，愛されたと実感できる子どもが，自分を，他者を愛することができるからである。しかも，それは日常生活におけるささやかな営みの繰り返しのなかで身体的なかかわりを通して実現される。

　この点についてボルノウ（Bollnow, O. F., 1903～1991）は，子どもを取り巻く現実がいかに厳しいものであろうと，子どもが安定感に包まれて発達できるような「被包感の島国」を一度は必ず作ってやることが教育の課題であると述べている➡11。これは，乳幼児が包み護（まも）ってもらっているというぬくぬくとした安心感や満たされた気持ちを味わう基礎的な体験をどこかですることが以後に出会う厳しい現実に耐えうる力をつけることにつながることを意味している。

➡11　ボルノウ著，森昭・岡田渥美訳『教育を支えるもの』黎明書房，1989。子どもは最初，家族，とりわけ母親という特定の人間への絶対的な信頼によって，安全に包まれているという被包感を抱くようになり，それを通路にして世界が子どもに対して開かれるのであり，この基礎的な体験を乳幼児期にさせることの重要性を説いている。

保育者は，子どもの伸びようとする力を信じて，子どもなりの内なる願いやそれにともなう不安や葛藤，心のゆれまで含めて，子どもの内面をわがことのように理解しながら，新しい自分を築こうとする子どもに対して，愛情に満ちたこまやかな配慮やかかわりを行い，援助していく必要がある。

参考文献
　　柏木惠子・古澤賴雄・宮下孝広『新版　発達心理学への招待』ミネルヴァ書房，2005
　　河合雅雄『子どもと自然』岩波書店，1990
　　白石正久『子どものねがい・子どものなやみ──乳幼児の発達と子育て』かもがわ出版，1998
　　津守房江『育てるものの目』婦人之友社，1984
　　津守真『子ども学のはじまり』フレーベル館，1979
　　藤永保『幼児教育を考える』岩波書店，1990
　　松居和『子育てのゆくえ──子育てをしないアメリカが予見する日本の未来』エイデル研究所，1993

5章 幼稚園教育要領，保育所保育指針，幼保連携型認定こども園教育・保育要領の考え方

　幼稚園と保育所，認定こども園には，保育に関する理念や保育内容及び運営に関する基準を国がそれぞれ示した幼稚園教育要領と保育所保育指針，ならびに幼保連携型認定こども園教育・保育要領がある。2015（平成27）年4月に施行された「子ども子育て支援新制度」をはじめ今日的な課題や知見を踏まえ，2017（平成29）年にそれぞれが同時に改訂（定）され，告示された。幼稚園と保育所及び認定こども園は各施設独自の役割を担うとともに，共通する役割であるその時期にふさわしい1人ひとりの発達と成長を保障するための質の高い取り組みが求められている。

1 幼稚園教育要領に示される幼児期の教育の考え方

■生涯にわたる人格形成の基礎を培う場として
　　　──幼稚園教育の目的

　幼稚園は，学校教育法（1947年3月31日法律第26号）第1条によって，学校教育機関の1つに位置づけられている。また，第3章には幼稚園教育について記されており，第3章第22条に幼稚園の目的[1]，第23条には幼稚園教育の目標が定められている。

　その目的や目標を目指した幼稚園の教育課程およびそれに基づく指導計画を作成するための保育内容に関する基準としての幼稚園教育要領[2]が文部科学大臣によって告示されている。

　幼稚園教育要領は前文と3つの章で構成されている。第1章「総則」には幼稚園教育の理念が示され，第1「幼稚園教育の基本，第

[1] 学校教育法第22条「幼稚園は，義務教育及びその後の教育の基礎を培うものとして，幼児を保育し，幼児の健やかな成長発達の為に適当な環境を与えて，その心身の発達を助長することを目的とする」。

[2] 幼稚園教育要領は，1956年に告示されて以来，1964年，1984年，1989年，1998年，2008年に改訂されている。

5章 幼稚園教育要領,保育所保育指針,幼保連携型認定こども園教育・保育要領の考え方

2「幼稚園教育において育みたい資質・能力及び『幼児期の終わりまでに育ってほしい姿』」,第3「教育課程の役割と編成等」,第4「指導計画の作成と幼児理解に基づいた評価」で構成されている。この「総則」は,第2章「ねらいおよび内容」(健康,人間関係,環境,言葉,表現),第3章「教育課程に係る教育時間の終了後等に行う教育活動の留意事項」からなる内容の基本を示している。第2章以下は「総則」を具体化した内容であるといえよう。

ここでは,幼稚園教育要領から幼稚園教育の基本を理解していこう。第1章「総則」には幼稚園教育が次のように記されている。

> 幼稚園における教育は,生涯にわたる人格形成の基礎を築く重要なものであり,幼稚園教育は,学校教育法第22条に規定する目的を達するため,幼児期の特性を踏まえ,環境を通して行うものであることを基本とする。

ここにはまず,子どもの心身の健やかな成長発達を支える役割を担う幼稚園教育が,生涯にわたる人格形成の基礎を培うものと示しされている◀3。幼児期の教育はしばしば「根」を育てる時期といわれる。人の一生は切れ目なくつながっている。その根をしっかりと伸ばし土台を築くことが,子どもが自分の人生を歩んでいく足場となり,力となるのである。幼児期に培ったものは,自らを形成していく源となり,その後の生涯のなかで伸びていくものである。

幼児期の子どもは,個人差はあるが身体も心もめざましい成長発達を遂げていく。1人ひとりの発達に適った経験を通して培ったことが次の足場になっていくように,その後も前の段階を足場にして子どもは育っていく。その際,子どもが前の発達段階を獲得しているのか見届けながら,時には取り戻しもしながら,その時期に適った教育を行うことが求められる。

さらに幼児期の特性をとらえたその時期にふさわしい教育のあり方,それが「環境を通して行う教育」として示されている。幼児

◀3 人格とは,その人固有の特徴のことである。「その人らしさ」といってよいかもしれない。

の子どもは，目で見て，耳で聴いて，肌で触って，匂いを嗅いで，舌で味わってというように，自分の全感覚を用いて直接確かめていく。幼児期は自分の生活から離れた知識を教えられて身に付けていく時期ではなく，自分のまわりのものごとに興味関心をもってさまざまなものに思う存分直接かかわっていく体験を通して，対象を受け止め理解していく時期なのである。子ども自らがかかわりたくなるような環境のなかで，ものとかかわる体験を積み重ねながら子どものなかにさまざまな力を培っていくことが，その後の生涯に続く人格形成の基礎となるのである。

■生きる力の基礎を培う——幼児期の教育が目指すもの

幼稚園教育要領第1章「総則」の第2「幼稚園教育において育みたい資質・能力及び『幼児期の終わりまでに育ってほしい姿』」1に，「幼稚園においては，生きる力の基礎を培う」とあるように，幼稚園では「生きる力」の基礎を培うことが求められており，それが義務教育以降の教育の基礎を培うことになると示されている⇨4。

➡4 「生きる力」は中央教育審議会の答申を受け，2008年の改訂時から，学校教育共通の課題として示された。

「生きる力」は2008（平成10）年の改訂より提示され，2017（平成29）年の改訂においても，学校教育共通の課題として次の3つの資質・能力を確実に育むことが求められている。

①知識及び技能が習得されるようにすること
②思考力，判断力，表現力等を育成すること
③学びに向かう力，人間性等を涵養すること

このような資質・能力を身に付けることが，これからの変化の早い予測困難な社会的変化に対応しながら，自分の人生と社会をつくるために求められている。言い換えるならば，未来の創り手である子どもたちが大人になったときにどのような力が必要となっていくのかが示されているのである。

では，幼児期に育むことが期待される生きる力の基礎とはどのようなことか。幼児期の特性を踏まえ，幼稚園教育要領の第1章「総

則」第2「幼稚園教育において育みたい資質・能力及び『幼児期の終わりまでに育ってほしい姿』」には，次のように示されている。

> (1) 豊かな体験を通じて，感じたり，気付いたり，分かったり，できるようになったりする「知識及び技能の基礎」
> (2) 気付いたことや，できるようになったことなどを使い，考えたり，試したり，工夫したり，表現したりする「思考力，判断力，表現力等の基礎」
> (3) 心情，意欲，態度が育つ中で，よりよい生活を営もうとする「学びに向かう力，人間性等」

これら3つが幼児期に育みたい資質・能力である。これは小学校以降のようないわゆる教科指導で育むのではなく，「幼児期にふさわしい教育」，つまり子どもたちの自発的な活動である遊びや生活のなかで育んでいくものである。また，個別に取り出して身に付けさせるものではなく，3つは重なり合い，一体的に培われるものであることも理解しておきたい。3つの資質・能力は，幼稚園教育要領の第2章に示される「ねらい及び内容」に基づく5領域の活動全体で育むものとして各領域のねらいに反映されており，「内容」に示された活動によって幼児期を通して育っていくのである。

3つの資質・能力をより具体的に示したものが，「幼児期の終わりまでに育ってほしい姿」である。園修了時までに5領域に基づく活動全体を通して育まれている具体的な姿が10の姿に整理され，保育者が指導を行う際に考慮するものとして示されている。

健康な心と体	自立心	協同性
道徳性・規範意識の芽生え		社会生活との関わり
思考力の芽生え	自然との関わり・生命尊重	
数量や図形，標識や文字などへの関心・感覚		
言葉による伝え合い	豊かな感性と表現	

ここに示された「幼児期の終わりまでに育ってほしい姿」は目標ではなく、次の段階である小学校の教科に直接に結びつくような準備教育を目指すものでもない。ましてや幼稚園が先取り教育を行うという意味ではない。少しでも早く小学校に慣れるように、あるいは小学校に向けてといった小学校教育に合わせるものではない。幼児期の特性を明示し、子どもの発達の連続性から小学校以降の学校教育とのつながりが示されたのである。

幼稚園教育要領に示された「幼児期の教育」は幼稚園、保育所(園)、認定こども園のすべての施設で過ごす3歳児以上の子どもについて共通する部分として位置づけられた。それぞれの総則に記載され、文言の違いはあるが内容もほぼ同じである⮕5。子ども1人ひとりの感じ方や考え方、行動に寄り添い、さまざまに現れてくるものを丁寧にくみ取りながら、幼児期の子どもたちの成長と発達を支えていこう。

2 保育所保育指針に示される乳幼児期の保育の考え方

■子どもに最もふさわしい生活の場として──保育所の目的

保育所は、児童福祉法第7条に基づく児童福祉施設の1つであり、保育所保育指針⮕6は、保育所における保育の内容やこれに関連する運営等について定めたものである。2017(平成29)年告示の保育所保育指針は、基準として規定する事項を基本的なものに限定して内容の大綱化を図っており、各保育所の創意工夫が求められている。

第1章「総則」には、保育所保育指針を貫く基本的な考え方が示され、「保育所保育の基本原則、養護に関する基本的事項、保育の計画及び評価、幼児教育を行う施設として共有すべき事項」が記されている。とくに「保育所保育の基本原則」には「保育所の役割、

⮕5 保育所保育指針 第1章「総則」4「幼児教育を行う施設として共有する事項」、幼保連携型認定こども園教育・保育要領 第1章「総則」第1「幼保連携型認定こども園における教育及び保育の基本」3「幼保連携型認定こども園の教育及び保育において育みたい資質・能力及び『幼児期の終わりまでに育ってほしい姿』」参照。

⮕6 保育所保育指針は、1965年の策定後、1990年、1999年、2008年に改定されている。2008年改定から厚生労働大臣による告示となり、保育所保育指針も法的拘束力を持つものとなった。

⮕7 児童福祉法第39条「保育所は、保育を必要とする乳児・幼児を日々保護者の下から通わせて保育を行うことを目的とする施設(利用定員が二十人以上であ

5章 幼稚園教育要領，保育所保育指針，幼保連携型認定こども園教育・保育要領の考え方

保育の目標，保育の方法，保育の環境，保育所の社会的責任」といった「保育所とは何か」という点が定義されている。

ここでは，保育所保育指針の「総則」から保育所保育の基本を理解していこう。第1章「総則」1「保育所保育の基本原則」にある「保育所の役割」(1)には，保育所保育の目的が次のように明示されている。

> 保育所は，児童福祉法第39条■7の規定に基づき，保育を必要とする子どもの保育を行い，その健全な心身の発達を図ることを目的とする児童福祉施設であり，入所する子どもの最善の利益を考慮し，その福祉を増進することに最もふさわしい生活の場でなければならない。

ここには，保育所は児童福祉法に基づく児童福祉施設として子どもたちの育ちを支える責任があり，何より「子どもの最善の利益」■8を考慮して子どもの福祉を積極的に増進する使命があると示されている。これは保育所保育指針の根幹をなす理念であり，保育所は子どものためにあり，子どもの幸せを願って1人ひとりの子どもにとって何が一番よいことかを考え，子どもの心身を健やかに育てることを目的とする施設なのである。保育所のなかで1人ひとりが大切にされ，保育のあらゆる場面で子どもの人権が尊重され，大人の都合が優先されて子どもに不利益が生じることのないよう，つねに問うていかねばならない。

また，保育所は子どもが体も心も豊かに成長していくために「最もふさわしい生活の場」をつくっていかなければならないと示されている。これは児童福祉法第1条2項「すべて児童はひとしくその生活を保障され，愛護されなければならない」とする児童福祉の理念に通ずるものである。子どもたちが支えとなる愛情あふれる大人のいるあたたかな雰囲気のなかで安心感をもって日々を過ごし，遊びこみ育ち合う経験を保障することが求められる。子どもが保育所

るものに限り，幼保連携型認定こども園を除く。)とする。
2 保育所は，前項の規定にかかわらず，特に必要があるときは，保育を必要とするその他の児童を日々保護者の下から通わせて保育することができる」。

■8 「子どもの最善の利益」にかかわる重要な国際条約が1989年に国連総会で採択された「子どもの権利条約」である。「子どもの権利条約」は，「生きる権利，育つ権利，守られる権利，参加する権利」の4つを柱として子どもの権利が明示されている。

63

の生活を楽しみながら、遊びや生活を通して経験を積み重ねていく場を、子どもたちとともにつくりだしていこう。

■養護と教育の一体性──保育所保育の特性

保育所保育指針第1章「総則」1「保育所保育に関する基本原則」(1)イには、養護と教育を一体的に行うことが保育所保育の特性として明記されている🔲9。保育には、子どもの命を護り体と心の安定を図る養護的な側面と、生活や遊びを通して子どもの成長発達を支えていく教育的な側面があり、どちらも乳幼児の子どもが育つうえで不可欠である🔲10。子どもの気持ちを受け止め応えていくという営みの中で、子どもたちは安心感や自信を得ていくことが子どもたちの主体的な行動を支えていく。養護と教育にかかわる保育の内容は、子どもの生活や遊びを通して相互に関係を持ちながら総合的に展開しているのである。

例えば、保育所での昼食のときを考えてみよう。食べるということは食欲という生理的欲求を満たし、生きることに直結するだけでなく、食事に関する基本的な習慣を身に付けていく機会である。と同時に、食べ物への興味・関心を抱いたり、それぞれの思いを伝え合ったりしながら食べる楽しさを友だちや保育者と共有して過ごしていく。このような場面ひとつをみても、養護と教育の両側面がつながりあうなかで日々の保育が営まれている。

保育所保育指針の第1章「総則」の1「保育所保育に関する基本原則」(2)「保育の目標」には、養護🔲11に関わる目標と教育🔲12の5領域にかかわる目標の6つの項目が示されている。まず、養護にかかわる目標を、子どもの生命の保持および情緒の安定を図ることとしている。また、教育にかかわる目標は、学校教育法23条に規定されている幼稚園の5領域に関わる目標と共通のものとなっている。この両方の目標が保育所の生活全体で達成されるように、計画的に保育を進めていくことが求められている。

🔲9 「保育所は、その目的を達成するために、保育に関する専門性を有する職員が、家庭との緊密な連携の下に、子どもの状況や発達過程を踏まえ、保育所保育における環境を通して、養護及び教育を一体的に行うことを特性としている」。

🔲10 保育は英語で"early-childhood education and care"と示される。"care"が養護であり、生命の保持と情緒の安定を意味するとされる。

🔲11 養護にかかわる目標は、「十分に行き届いた環境の下に、くつろいだ雰囲気の中で子どもの様々な欲求を満たし、生命の保持及び情緒の安定を図ること」である。

🔲12 教育にかかわる目標は、教育の内容に照らし合わせ、環境、人間関係、健康、言葉、表現の5領域からとらえられている。

5章 幼稚園教育要領，保育所保育指針，幼保連携型認定こども園教育・保育要領の考え方

この保育所保育の目標をより具体化したものが保育の内容であり，それぞれにねらいと内容を示し，その特性をより明確にしている。特に養護は第1章「総則」の2に基本的事項が明記され，すべての保育の根幹をなすものとして位置づけられている。また，第2章「保育の内容」では「乳児・1歳以上3歳未満児・3歳児以上児」と乳児期からの育ちを3段階に分けて，それぞれの時期の保育のねらいと内容及び内容の取扱いが記されている➡13。

特に乳児保育に関しては5領域のままではなく3つの観点に整理して示されていることに留意したい➡14。乳児は生まれたときから自発的・能動的な存在であり，周りの世界に働きかけている。それを周囲にいる人が受け止め，やり取りしていくなかで，子どもの世界が広がっていくという乳児期の育ちは，5領域の保育内容に関する発達が未分化でいくつかの領域が重なり合っているため，3つの視点で示されたのである。

1歳児以上3歳未満児においては，できることが増えてくるこの時期の発達の特性を踏まえて5領域で記されている。乳児期の保育とのつながりはもちろん，3歳以上児の保育内容の育ちと連続するものと意識しながら，保育の充実を図ることが求められている。

3歳児以上の5領域に関する「ねらい及び内容」は幼稚園教育要領と幼保連携型認定こども園教育・保育要領との整合性を図り，同じ内容で示されている。前節にすでに記した幼児期に育みたい3つの資質・能力と「幼児期の終わりまでに育ってほしい姿」が明記され，保育所も学校教育の基礎を培う幼児教育を担っているのである。

ただし，日々の保育のなかでここまでは養護の面で，ここからが教育の面などと分けうれるものではない。あくまで養護と教育それぞれを具体的に把握するためであり，認識を確かなものにした上で，一体的になされるよう保育を営んでいくことが求められている。

「養護」とは「子どもの生命の保持及び情緒の安定を図るために保育士等➡15が行う援助やかかわり」のことである。子どもの健

➡13 認定こども園も保育所と同様に乳児期からの保育を行うため，幼保連携型認定こども園教育・保育要領には第2章「ねらい及び内容並びに配慮事項」が保育所保育指針同様「乳児期・満1歳以上満3歳未満・満3歳以上」の園児という3つの段階で示されている。

➡14 「健やかに伸び伸びと育つ」という身体的発達に関する視点，「身近な人と気持ちが通じ合う」という社会的発達の視点，「身近なものと関わり感性が育つ」という精神的発達の視点の3つである。

➡15 保育士等とは，施設長・保育士・調理員・栄養士・看護士など保育に携わるすべての保育所職員のことを指す。

康や安全を守る「生命の保持」と子どもが心から安心できるようなかかわりをしていく「情緒の安定」を内容としており，1人ひとりの子どもの生命の保持と情緒の安定とを保育士等が適切に行うように求めている。

「生命の保持」のねらいは，1人ひとりの子どもが安全で快適に過ごせるようにすること，健康と安全で過ごせるようにすること，また生理的欲求を満たし，健康増進がはかられるようにすることである。保育者は，全面的に保育者が子どもを守る乳児期から，しだいに子ども自身が自分の生命や安全を守れるよう，その後の自立に向けて見通しを持った援助をしていくことが求められる。

「情緒の安定」のねらいは，1人ひとりの子どもが安定感を持って過ごせるようにすること，自分の気持ちを安心して表すことができるようにすること，周囲から主体として受け止められ，自分を肯定する気持ちが育まれていくこと，心身の疲れが癒やされるようにすることである。

「養護」は「人間関係」や「健康」の領域とも深く関連し，保育所保育指針第3章の「健康及び安全」に示されている事項とも重なる点があることも覚えておきたい。

他方，「教育」とは，子どもが健やかに成長し，その活動がより豊かに展開されるための発達の援助である。子どもが日々の生活のなかで主体的に行っていくさまざまな活動や体験を通して，豊かな心情・意欲・態度等を身に付けていくことが目指されている。保育者が一方的に働きかけるのではなく，日々の生活の中で子どもがさまざまな活動や物事に興味をもち，体験しようとする意欲や主体性が育つように，環境を設定することが大切である。

養護と教育のそれぞれのねらいを理解した上で，両者の関係を再度読み解いていこう。子どもは養護の側面であるいのちと健康をまもられつつ，自分がかけがえのない存在として周囲の人から自分を受け止めてもらい，愛されているという安心感があってこそ，外の

世界にかかわっていけるようになる。そこで、子どもは挑戦したり、何度もやってみたり、他の人ともかかわって、その経験や活動が豊かになっていく。つまり、養護と教育は、養護が満たされてこそ教育への意欲は芽生えていくという関係にある。養護は教育の支えであり、子どもの育ちにとって養護の充実は大きな意味を持つ⇨16。

児童福祉施設である保育所であるからこそ、養護の面はとりわけ配慮されなければならない機能である。まず、子どもが長時間保育所で生活するということを考えたとき、1人ひとりの心身の状況を把握し、細やかに対応しながら、子どもが安心して安定して過ごせるような援助やかかわりがより求められる。さらに、年齢が幼いほど養護の面がより大きな比重を持つ。そのため、保育所保育指針の乳児保育、1歳児以上3歳未満児の保育内容に関する「養護」がとりわけ厚みを持っているのである。

入所している0歳から3歳未満児の子どもは、よりいっそう細やかな援助や配慮のもとに、いのちと健康をまもられ慈しまれながら、育ちを支えられていく必要がある。応答的なかかわりの繰り返しのなかで築かれていく愛着関係の重要性を認識し、1人ひとりの育ちのプロセスを大事にする保育が不可欠である。

■子育て支援——保育所のもうひとつの役割

保育所には、子どもを健やかに育てるという役割とともに、子育てをしている保護者を支援する役割がある⇨17。2つの役割は切り離して考えるのではなく、保護者のための支援は同時に子どものための支援につながっているものである。

保育所保育指針第4章には、保育所は利用している保護者への支援と地域の子育て支援を行うことが明記されており、保育所の特性を生かして積極的に取り組むことが求められている。保護者支援の基本としては、子どもの最善の利益をふまえ、保育士の専門性や保育所の特性を生かして支援すること、保護者の養育力の向上に値す

⇨16 養護の面を直接示していない幼稚園教育要領においても、第1章「総則」第1「幼稚園教育の基本」1において「幼児は安定した情緒の下で」とあり、また教育内容「健康」など、養護につながる部分が含まれている。

⇨17 保育所保育指針第1章「総則」1「保育所保育に関する基本原則」(1)「保育所の役割」ウ参照。

る支援をすることなどが示されている。保護者と保育者はともに子どもを育てるパートナーであり、ともに子どもの成長の喜びを共有することが、保護者の子育ての意欲や自信にもつながる。保護者と相互理解を深め、信頼関係をつくることを大切にし、保護者の気持ちを受け止め、心を寄せて共感する姿勢を持って支援を行っていくことが求められる。

利用している子どもの保護者に対しては、日常の保育との関連のなかで行い、送迎時の会話や連絡帳など日常のコミュニケーションを存分に用いていく。また、個々の相談や保護者会や行事等のさまざまな機会を活用して支援を進めていく。仕事と子育ての両立の支援や不適切な養育等が疑われる際の対応や連携などが示されている。

地域の保護者に対する子育て支援についても保育所保育の専門性を生かして積極的に取り組むことが求められている。地域の人々の交流・協力を図ることや、保育所が行政や保育サービスなど地域関係機関や子育て支援にかかわる人々と積極的に連携を進めていくことが示されている。

3 幼保連携型認定こども園教育・保育要領に示される教育および保育の考え方

■健全な心身の発達と生涯にわたる人格形成
　　——認定こども園の目的

認定こども園は2006年10月に「就学前の子どもに関する教育、保育などの総合的な提供の推進に関する法律」[18]によって制度化された施設である。認定こども園には4つの類型[19]があり、「小学校就学前の子どもに対する教育及び保育」と「保護者に対する子育て支援」を提供する施設である。

幼保連携型認定こども園は「就学前の子どもに関する教育、保育などの総合的な提供の推進に関する法律」の第2条7項にその目的

[18] 2006年の制定後、2012年に一部改正された。認定こども園法とも言われる。

[19] 幼保連携型・幼稚園型・保育所型・地方裁量型の4つである。

5章　幼稚園教育要領，保育所保育指針，幼保連携型認定こども園教育・保育要領の考え方

が定められている🔲20)。この規定に基づき，幼保連携型認定こども園教育・保育要領は内閣府，文部科学省，厚生労働省により2014年4月に告示され，2017年改訂された。

幼保連携型認定こども園教育・保育要領は4つの章で構成されている。第1章「総則」では教育及び保育の基本と目標が記され，第1「幼保連携型認定こども園における教育及び保育の基本及び目標等」，第2「教育及び保育の内容並びに子育ての支援に関する全体的な計画等」，第3「幼保連携型認定こども園として特に配慮すべき事項」でなっている。この「総則」は第2章「ねらい及び内容並びに配慮事項」，第3章「健康及び安全」，第4章「子育ての支援」の内容に示される基本が示されている。

第1章「総則」第1「幼保連携型認定こども園における教育及び保育の基本及び目標等」には，乳幼児期の教育及び保育は「子どもの健全な心身の発達を図りつつ生涯にわたる人格形成の基礎を培う重要なもの」であり，園での生活を通して「生きる力の基礎を育成する」こととされている点は，すでに述べてきた幼稚園教育要領と保育所保育指針と共通している。育みたい3つの資質・能力と「幼児期の終わりまでに育ってほしい姿」が共通しており，どの施設においても育っていくものとして示されているのである🔲21。

また，幼保連携型認定こども園は3歳以上の子どもと3歳児未満の保育を必要とする子どもも入園するため，前節の保育所保育指針で記された「子どもの最善の利益を考慮」しながら，生活を保障することが明記されている。第2章の「ねらい及び内容並びに配慮事項」も保育所保育指針同様に「乳児・1歳以上3歳未満児・3歳児以上児」と乳児期からの育ちを3段階に分けて，それぞれの時期の保育のねらいと内容及び内容の取り扱いが記されている🔲22。

幼保連携型認定こども園では，在園期間や集団生活の経験年数，在園時間が異なる子どもがともに生活をするなかで育っていく。そのため，第1章「総則」第3「幼保連携型認定こども園として特に

🔲20　第2条7項「この法律において『幼保連携型認定こども園』とは，義務教育及びその後の教育の基礎を培うものとしての満三歳以上の子どもに対する教育並びに保育を必要とする子どもに対する保育を一体的に行い，これらの子どもの健やかな成長が図られるよう適当な環境を与えて，その心身の発達を助長するとともに，保護者に対する子育ての支援を行うことを目的として，この法律の定めるところにより設置される施設をいう」。

🔲21　幼保連携型認定こども園教育・保育要領第1章「総則」第1「幼保連携型認定こども園における教育及び保育の基本」3「幼保連携型認定こども園の教育及び保育において育みたい資質・能力及び『幼児期の終わりまでに育ってほしい姿』」。

🔲22　保育所保育指針第2章参照。

配慮すべき事項」には新入園児や他園から移行してくる子ども，3歳児クラスでの2歳から3歳児への移行時の配慮について示されている。3歳児クラスは2歳児クラスから移行する子どもと集団生活が初めてとなる子どもなど，それまでの経験が異なる子どもたちが同じクラスで生活するため，個別的に十分な配慮をしながら一緒に活動ができるようにしていくことが求められる。また，在園時間も異なるため，子ども1人ひとりの生活の流れやリズムへの配慮とともに環境や活動の工夫などきめ細かい取り組みが必要となる。

なお，認定こども園の機能のひとつである地域の子育て支援も，基本は前節で示した保育所保育指針と同様のものになっている→23。

> 23 幼保連携型認定こども園教育・保育要領第4章「子育ての支援」，保育所保育指針第4章「子育て支援」参照。

参考文献

無藤隆『平成29年告示　幼稚園教育要領　保育所保育指針　幼保連携型認定こども園教育・保育要領　3法令改訂（定）の要点とこれからの保育』チャイルド本社，2017

無藤隆，汐見稔幸，砂上史子『ここがポイント！　3法令ガイドブック——新しい「幼稚園教育要領」「保育所保育指針」「幼保連携型認定こども園教育・保育要領」の理解のために』フレーベル館，2017

6章 保育者に求められる専門性

1 適切な援助と指導

■子どもの発達をふまえた援助と指導

　「保育者に求められる専門性」といった場合，その職務内容として第一に挙げられるのは，日々の保育活動において，子どもたちをいかに援助，もしくは指導をしていくか，ということである。子どもに対する援助や指導にあたっては，当然，子どもの発達をふまえた適切な援助や指導を考える必要がある。そのためには，就学前の子どもたちの一般的な発達段階である，具体的には以下の3つの時期の子どもたちの発達特性を理解しておくことが必要である。さらに，（3）幼児期は以下の4つの時期に分けて発達特性を理解しておく必要がある。

---

(1) 新生児（生後1カ月）
(2) 乳児期（生後1年くらいまで）
(3) 幼児期（1歳から5歳まで）─① 3歳未満児
　　　　　　　　　　　　　　　② 3歳児（年少）
　　　　　　　　　　　　　　　③ 4歳児（年中）
　　　　　　　　　　　　　　　④ 5歳児（年長）

　そしてこの発達特性は，乳児期の場合，運動能力と認知の発達，社会性と情緒の発達，幼児期の場合，身体・運動機能の発達，知的

発達，社会性と情緒の発達，各年齢別の特徴等について把握する必要がある。これらの発達にとって，母親を中心とする子どもを取り巻く人々の温かい感情や，いわゆる母性の重要性もあらためて認識する必要があるだろう。また，発達において，子どもたちの個人差に目を向けることはいうまでもない。

　上記の発達をふまえたうえで，子どもたちとの信頼関係を構築し，指導計画にもとづいて，初めて直接的な援助を行うことが可能になるのである。

　具体的な援助や指導の方法は，それこそさまざまであり，マニュアル的な援助や指導の方法論等は存在しない。大切なことは，顕在的で目に見える子どもの活動のみを変化させるのではなく，潜在的で目に見えない，内面的な子どもの発達を目指して行われるものである，ということを認識することである。特に，対象となる子どもが，いわゆる「気になる子ども▶1」であったり，「障がい▶2をもつ子ども」であったり，「外国人（籍）の子ども」であったりした場合，特に配慮が必要である。

　次に，では実際の保育現場において，子ども同士や保育者，物や自然とのかかわり合いの中でなされる援助や指導において，どのような配慮が必要だろうか。

　結論からいうと，保育者は，基本的には，以下の5点を配慮する必要があるだろう。

▶1　保育現場で集団行動ができなかったり，遊べなかったり，大泣きをする等の状態を示し，特別な配慮を必要とする子どもを示す。1980年代後半頃から問題化した。

▶2　「障がい」という言葉は，これまで使われてきた「障害」の「害」が否定的で，かつ不快感を与えるだけでなく，人権尊重の観点から好ましくないとし，近年，地方公共団体の部署名や公文書を中心に使われている。

---

①子どもに自らの先入観をもって接しない
②子どもと同じ目線に立つ
③子どもが安定し，自信をもつようにする
④子どもと一緒に考え，創り出す
⑤子どもに，気づきや発見のきっかけをつくる

　これらは，どれも当たり前のことばかりであるが，「子どもの発

達の援助を行う」以外の保育者としての基本的な役割である。「子どもとの信頼関係を築く」「子どもにとって良い環境を創る」うえでも非常に重要な点である。

■最近の新たな援助と指導

　本項では、最近の新たな援助や指導の形態の事例として、カウンセリング（counseling）とプレイ・セラピー（play therapy）の取り組みを簡単に紹介する。

　カウンセリングとは、保健、教育、保育など、幅広い分野で利用され、さまざまな領域の専門家によって実施されていて、心理療法的なものから、単に助言指導を行うものまである。簡単にいうと、「ある問題に対して助けを求めに来た人に対する、専門的な知識・技能をもつ人との相談のこと」を指す。この助けを求めに来た人（相談者）をクライエント（client）、援助する人がカウンセラーと呼ぶ。また、カウンセリングにおいて、カウンセラーが相談者を支えようとする態度や心構えをカウンセリング・マインド（counseling mind）という。これは日本独自の造語であり、いわゆる和製英語である。このカウンセリング・マインドの考え方は、保育の世界では、指導や援助の技術・能力というよりも、保育者の資質として重要である。なぜならば、保育者は、未成熟な幼児の内面を察して、お互いの信頼関係を築きつつ、援助してあげることが必要不可欠だからである。

　プレイ・セラピーとは、言語能力が未発達な幼い子どもたちのため、直面する問題に対して言葉ではなく、遊びを通して行う心理療法で、日本語では「遊戯療法」と訳す。簡単にいうと、遊びをコミュニケーションの手段として用いる援助形態である。プレイ・セラピーの基本的な考え方は、子どもたちと温かい友好的な関係を早く作り、子どもたちをありのままに受け入れ、リラックスさせて、自己成長力を信頼するものである。

カウンセリングやカウンセリング・マインド，プレイ・セラピーというと，何か臨床心理学の専門家しかかかわれないというイメージを持つかもしれない。しかし，保育の現場において，保育者が子どもたちの考えや行動を受け止め，尊重しようとすることは，とても重要である。とくに，さまざまな背景を抱えている子どもたちが増えている現在，子どもたちの予期せぬ言動や行動，雰囲気に対して，保育者は，カウンセリングやカウンセリング・マインド，プレイ・セラピーといった形態や態度，方法を意識する必要がある。

　カウンセリングやカウンセリング・マインド，プレイ・セラピーは，保育者の専門性の観点からも，これからますます重視されるだろう。

2 人権の尊重・尊厳について

■子どもの人権について

　子どもの人権について，1924（大正13）年の国際連盟における「ジュネーブ宣言」においてすでに子どもは救済の対象として位置づけられていたが，本格的な宣言や条約は，第二次世界大戦後作られていった（表6-1）。

表6-1　第2次世界大戦後の子どもの人権に関する宣言・条約等

制定年	名称
1948（昭和23）年	世界人権宣言
1959（昭和34）年	児童の権利に関する宣言（児童権利宣言）（国連）
1975（昭和50）年	障害者の権利に関する宣言（国連）
1985（昭和60）年	学習権宣言（ユネスコ）
1989（平成元）年	子どもの権利条約（児童の権利に関する条約）（国連）

子どもの権利は，①教育への権利や保護される権利等，②市民的自由や結社・集会の自由等，の2つによって構成される。

①については，子ども固有の存在のあり方（弱さ・未熟さ等）が要請するニーズを法的に承認したものである。
②については，子どもが主体として行使しうる人権によって構成される。

児童の権利に関する条約（子どもの権利条約）では，子どもの市民的自由を拡大し，子どもを権利行使の主体として法的に承認し，その児童観を鮮明に打ち出した。日本は1994（平成6）年に同条約を批准した。条約の具体的な特徴は，以下の4点である。

(1) 大人と同等の価値を持つ人間として認め，人権の主体としてその地位を保障していること
(2) 子どもに固有で特有の権利を保障していること
(3) 子どもの権利を保障する責任を父母にあることを定めて，強調していること
(4) 子どもの権利を人権として保障し，締約国は国際協力の枠内で措置を講じること

子どもの権利を考えた場合，まず日本国憲法（1946）や改正教育基本法（2006）の中で「基本的人権」として位置づけられていることは当然のこととして，子どもの人権に関する宣言や条約，思想的な背景をふまえて，具体的にどのような取り組み，どのような実践が行われていかなければならないのか，ということの検討が重要である。特に，保育者が子どもの人権の問題について，たとえば，児童虐待の問題や保育所の最低基準の問題等を，どれくらい認識し，どうかかわるのかを常に意識することが大切である。

■保育者は，どうかかわるのか

それでは，保育者は，子どもの人権の尊重・尊厳について，実際

にどのように対応し，どのようにかかわっていけばよいのだろうか。保育者は，上記の法律や，子どもの人権に関する宣言や条約等を通して，子どもの発達，教育を受ける権利，遊び等に関する理解を確認することがもちろん必要である。当然，実際の保育活動においては，最新版の幼稚園教育要領，保育所保育指針，幼保連携型認定こども園教育・保育要領での指導を確認することも必要である。

　しかし，もっとも大切な点は，保育者が実際に子どもたちと触れ合うなかで，子どもの可能性を信じ，子どもが自分の尊厳や価値に気づくように導き，すべての子どもに対して，あなたは愛されている存在である，ということを示すことである。

　つまり，保育者は日々の保育活動において，いつも，子どもにとっての「最善の利益」とは何かを模索し続けることが，そのまま子どもの人権の尊重・尊厳へのかかわりといえるだろう。

3 子どもとともに生きる

■計画性のある保育

　保育者が保育を行う場合は，当然，長期的な展望のもとで，計画性のある保育が展開される。「計画性」というと，教育課程や保育課程のような，いわゆるカリキュラムそれ自体の問題や，指導計画案の作成について考えがちだが，もちろんそのことは，根底の部分では重要ではあるが，それだけではない。日々のさまざまな活動において，保育者がどのような実践を，どのように計画的に行っているのかを検討することも重要である。

　保育者の，日々の活動実践における計画性は，主として以下の4点から重要である。

> ①活動の偏りを防ぐ
> ②活動の目的が明確になる
> ③活動の準備・援助が的確になる
> ④活動の修正・変更が容易になる

 つまり、計画性をもつことで、その場しのぎの、行き当たりばったりの活動が、目的性をもつものとなり、結果的にそのための準備や援助が確実なものとなり、修正や変更もやりやすいものとなるということである。
 実際の活動においては、「環境構成」「子どもの主体性」が視点として重要であろう。このことは、たとえば2017（平成29）年改訂の幼稚園教育要領の以下の記述からわかる。

> **幼稚園教育要領　第1章　総則　第1　幼稚園教育の基本**
> 「<u>幼稚園教育は、（中略）環境を通して行うものであることを基本とする。このため教師は、幼児との信頼関係を十分に築き、幼児が身近な環境に主体的に関わり、環境との関わり方や意味に気付き、これらを取り込もうとして、試行錯誤したり、考えたりするようになる幼児期の教育における見方・考え方を生かし、幼児と共によりよい教育環境を創造するように努めるものとする</u>。これらを踏まえ、次に示す事項を重視して教育を行わなければならない。（中略）
> 　その際、教師は、<u>幼児の主体的な活動が確保されるよう幼児一人一人の行動の理解と予想に基づき、計画的に環境を構成しなければならない</u>。この場合において、教師は、幼児と人やものとの関わりが重要であることを踏まえ、教材を工夫し、物的・空間的環境を構成しなければならない。また、幼児一人一人の活動の場面に応じて、様々な役割を果たし、その活動を豊かにしなければならない。」（下線は引用者）

■子どもと共に生活する保育者

　子どもと共に生活する保育者といった場合，文字通り物理的に日々，生活を共にしていることを指す場合と，心理的に日々の生活でつながっていることを指す場合の2通りが考えられる。

　前者の場合，保育者は日々の子どもとの生活において，「子どもと共に生活する」＝「子どもと共に生きる」とはどういうことかを常に意識する必要がある。義務教育段階ではない就学前の乳幼児を対象とする保育者は，子どもの安全を守り，子どものモデルとなり，子どもの人生そのものを負っている存在でなければならないということである。つまり，先に示した母性の重要性だけでなく，ある意味，父性もあわせもつ存在でなければならない。ということは，保育者自身の努力や向上心，トータルな人間性も含め，保育者自身がいかに生きていくかという姿勢が問われているのである。

　後者の場合，それでは，心理的に日々の生活でつながっているとはどういうことだろう。このことは，日々の子どもとの生活において，「子どもと共に生活する」＝「子どもと共に生きる」が意識された結果，直接，子どもと相対しなくても，信頼関係が生じているということである。子どもたちが，いつ，どんな状況においても，保育者から常に，自分は愛されている，見守られている，支えられている，ということを自然と意識するようになることが大切である。

4　専門職としての保育職

■保育者の資格

　保育者の資格を説明する前に，あらためて「保育者」という名称について，言葉の定義について触れておく。保育学の用語辞典等では，広義と狭義に分け，前者には親等も含める場合もあるが，一般

には次のように定義される。

> 保育者という名称は、法的に規定されている名称ではなく、幼稚園、保育所、という公的な就学前の集団保育施設において直接保育に携わる人（幼稚園教諭や保育士）の総称である。

この「公的な就学前の集団保育施設」には、認定こども園も入る。したがって、保育者の「保育」という行為は単純に保育をする人という意味の保育ではなく、幼稚園や保育所、認定こども園といった集団保育施設で行われる行為を指すことも多いのである。なお、ベビーシッターのように、いわゆる「在宅保育」を行う人たちを、家庭訪問保育者と位置づける場合もある。

次に、保育者である幼稚園教諭と保育士の免許や資格についてだが、幼稚園教諭の免許状には、教育職員免許法の規定に基づき、3種類の普通免許状がある（表6-2）。

それぞれの免許状は、幼稚園教諭養成課程をもつ短大・専門学校、大学、大学院において、所定の単位を取得する必要がある。なお、これらの他に臨時免許状（助教諭）もあるが、これはきわめて特殊なものである。

これに対して保育士のほうは、1947（昭和22）年の児童福祉法

表6-2 幼稚園教諭免許状の種類

種類	基礎資格
幼稚園教諭専修免許状	大学院で修士の学位（通常大学院入学後、2年間で取得）を有すること
幼稚園教諭一種免許状	大学で学士の学位（通常4年間で取得）を有すること
幼稚園教諭二種免許状	短大・専門学校等で準学士の称号（通常2年間で取得）を有すること

で，保母（保育士）の資格が法的に公認された。もともとは児童福祉施設の任用資格であったが，2001（平成13）年に，「児童福祉法の一部を改正する法律」が成立し，保育士資格⇨3が国家資格となった。保育士資格の取得には，以下の2通りがある。

(1) 厚生労働省の指定する保育士養成校（大学，短大・専門学校等）その他の施設を卒業した者
(2) 都道府県が実施する保育士試験に合格した者

⇨3 1950（昭和25）年から男性も保母資格の取得が認められた（保父は俗称，男性の保母という言い方が正しい）。男性の保育者の増大から，1997（平成9）年の児童福祉法の改正により，保母は「保育士」となり，1999（平成11）年から施行された。

⇨4 2006（平成18）年，文部科学省・厚生労働省告示「就学前の子どもに関する教育，保育等の総合的な提供の推進に関する法律」。

(1)については，原則として卒業すれば，無試験で保育士資格が取得できる。これに対して(2)については，受験者の学歴に応じて受験資格が異なるが，合格率はかなり厳しく，保育士資格取得等に関連する出版物やサイト等では，30～40％位であるとの指摘もある。

最近の傾向としては，認定こども園の設置に伴い，幼稚園教諭免許状と保育士資格の両方を取得する流れが，都市部はもちろん，地方においてもこれまで以上に強まっている。その理由として，認定こども園の職員資格について⇨4，国の指針として，対象児が0～2歳児の場合は，「保育士の資格を有する者でなければならない」，3～5歳児の場合は，「幼稚園の教員免許状と保育士資格を併有する者であることが望ましい（略）」と定められているからである。

■保育者の専門性と研修

幼稚園教諭と保育士は，管轄省庁がそれぞれ文部科学省，厚生労働省と異なるが，求められる専門性は，本来あまり変わらない。幼稚園と保育所で，対象となる子どもの年齢，入園（所）条件，保育時間などは異なるが，近年の，幼稚園が長時間子どもを預かったり，保育所が幼稚園のように教育・学習に重点をおいて保育指導を行ったりすることなど，「幼稚園の保育所化」「保育所の幼稚園化」と呼

ばれる問題が顕著になっている。さらには，いわゆる幼保一元化・一体化の1つの形である「認定こども園」の設置などに伴い，ますます両者の差がなくなってきている。

　保育者の専門性といった場合，具体的に子どもを指導する実践の技術（たとえば，絵本の読み聞かせの技術やピアノの技術等）と，保育者集団の一員として同僚との協同性や人権への理解や配慮に関するようなものと，大きく2つに分けられる。近年，保育を取り巻く環境の変化に伴い，特に後者が求められるようになってきた。具体的には，先に示した障がい児保育や外国人（籍）の子どもについての対応や，さまざまな連携（小学校との連携，地域との連携，家庭との連携）についてである。

　保育者の専門性を検討する場合，保育者の資質として，先に取り上げたカウンセリング・マインドの考え方は，非常に重要である。また近年は，保育者の資質として，ケアリング（caring）の考え方も注目されている。これは，ケアリングが，「世話や養護といった援助行動だけではなく，心を砕くという専心や，相手を気遣う配慮といった心の在り方が必要とされ」，しかも「人間に対するケアの特徴が相手の成長や自己実現を援助することにある」からである。そして「ケアする人は，ケアされる対象が成長することを通して，自分自身の心をケアしている」ということから，単に保育者側から一方的に子どもをケアする関係ではなく，結果としてその逆の関係も広がっていくようなことを認識することも大切である。

　これらの専門性を磨くために，研修（園内・園外）がある。園内研修においては，近年，保育カンファレンス（conference）——単に園内カンファレンスやカンファレンスともいう——という方法も注目されている。カンファレンスという言葉は，もとは医学の領域で，患者の症例を専門の立場から検討する会議を指すが，これが転じて，保育の現場における問題の検討会を指す。保育カンファレンスは，以下の4点が特徴である。

(1) 1つの正解を求めない
(2) 建前でなく本音で話すこと
(3) 先輩や上司が後輩や若手を指導するのではない
(4) 相手を批判したり，優劣を競おうとしないこと

　これらの点から，従来の園内研修とは異なる，新たな研修の一形態といえる。

■保育者養成の問題と課題

　保育者養成の問題と課題を考える場合，その中心は，保育者養成校（以下，「養成校」）に関する問題であろう。

　第一の問題は，養成校の多くが，4年制の大学ではなく，2年制の短大・専門学校が中心であるということである。カリキュラムに余裕がなく，しかも多くの養成校で，幼稚園教諭二種免許状と保育士資格を授与している。このことが根本的な問題であるといえる。4年制大学に比べて専門的な講義も少なく，逆に，免許や資格のための講義や実習はぎっしりと詰まっていて，少人数のゼミ活動も難しい現状にあり，時間的な余裕のなさが養成校における課題である。

　第二に，養成校卒業後の，卒後教育のシステム化が不十分であるということである。このことは先に示した研修ともかかわる問題であり，日本はこの点が非常に貧弱だといえる。この問題は，①卒後教育のカリキュラム自体の不十分さ，②卒後教育に関する経済的・時間的な余裕のなさ（養成校と卒業生の両者），の2点に集約される。

　また，上記の2つの問題に関連して，養成校のスタッフの量と質の問題も重要である。現在の新たな保育サービスの問題として取り上げられる，専門性の高い保育者養成，障がい児保育や病（後）児保育の問題，外国人（籍）の子どもへの対応，といった問題についても，現在の多くの養成校では，対応する余力がほとんどない。

短大・専門学校の養成校は，一般に，アットホームであり，地元就職率が高く，素直な学生が多い，といった評価すべき点も多く見られる。だからこそ，保育の質が問われている現在，短大・専門学校を中心とした養成校の多くに共通しているこれらの問題は，重要かつ緊急な検討課題であるといえる。

参考文献
上野恭裕編『幼児教育法　新現代保育原理』三晃書房，2007
関口はつ江・手島信雅編『保育原理——実践的幼児教育論〔第3版〕』建帛社，2003
民秋言編『幼稚園教育要領・保育所保育指針・幼保連携型認定こども園教育・保育要領の成立と変遷』萌文書林，2017
広田照幸・塩崎美穂編『教育原理保育実践への教育学的アプローチ』樹村房，2010。
保育小辞典編集委員会編『保育小辞典』大月書店，2006
待井和江編『保育原理第7版（現代の保育学4）』ミネルヴァ書房，2009
文部科学省・厚生労働省告示「就学前の子どもに関する教育，保育等の総合的な提供の推進に関する法律」2006
森上史朗・柏女霊峰編『保育用語事典 第8版』ミネルヴァ書房，2015

7章 未来へとつながる保育の目標

1 求められる幼児教育

2017（平成29）年告示の改訂（定）では，幼稚園教育要領，保育所保育指針，幼保連携型認定こども園教育・保育要領を基に，幼稚園・保育所・認定こども園でそれぞれ行われている教育が別個のものではなく，どの施設でも同じ水準で質の高い幼児教育が受けられるよう共通化された。

日本では，幼稚園や保育所（園），認定こども園などに入園し，幼児教育を受けさせることが義務ではない。しかし，2014年時点で3歳児の81％，4歳児並びに5歳児の96％が就学前教育を受けている。その割合はOECD（経済協力開発機構）の平均を上回り，非常に高いことが報告されている（表7-1）。

少子化や目まぐるしい社会情勢の変化の中にあって，就学前の保育現場への期待と要求は高くなっている。目標として学校教育法や認定こども園法では「義務教育及びその後の教育の基礎を培う」，保育所保育指針では「子どもが現在を最も良く生き，望ましい未来をつくり出す力の基礎を培う」と明記されている。子どもの生活を豊かにしていくことを考えるとき，就学前の保育の現場が子どもの

▶1 「日本 - カントリーノート──図表でみる教：OECDインディケータ2016年版」（http://www.oecd.org/education/skills-beyond-school/EAG2016-Japan.pdf）．

表7-1 就学前教育を受ける3・4・5歳児の平均値（2014年）▶1

	3歳児	4歳児	5歳児
日本	81％	96％	96％
OECD平均	71％	86％	95％

生涯にわたる人間形成にとってきわめて重要な時期ということを踏まえ，子どもやその家庭，社会状況の「現実（今）」を理解し，就学以降の「将来（これから）」を見据えた取り組みが非常に求められている。だからこそ，家庭との密接な連携や支援，保育の質そして保育者の専門性の向上も期待されているといえる。

2　幼稚園，幼保連携型認定こども園，保育所保育の目標

　幼稚園（学校教育法第23条），幼保連携型認定こども園（認定こども園法第9条），保育所（園）（保育所保育指針第1章総則）それぞれが掲げている目標は表7-2のとおりである。旧指針で「保育の内容」に記載されていた「養護に関わるねらい及び内容」が，「総則」に取り入れられるなど，生命の保持や情緒の安定が乳幼児期には特に重要であり，保育者が養護と教育の一体性を強く意識する大切さがあらためて示されていることがうかがえる。

　特に，認定こども園では家庭環境による保育時間の差が生まれ，集団生活の経験年数や園での生活時間にも違いが出てくることが現場の課題となっている。子どもの「生活経験の差」がより顕著にみられることをふまえて，「目標」や「保育内容の5領域」の理解，「育みたい資質・能力」「幼児期の終わりまでに育ってほしい姿」の関連性を理解しておくことが求められる。

3　幼児教育を行う施設として共有すべきこと

■ 5領域の共通化と育みたい資質・能力の3つの柱

　5領域（図7-1）のねらいと内容は，幼稚園教育要領，幼保連携型認定こども園教育・保育要領，保育所保育指針でほぼ同じ形で記述されている。それぞれ幼児教育にかかわる機関が一緒に小学校へ

表7-2 幼稚園・認定こども園と保育所の目標

幼稚園 幼保連携型認定こども園	保育所
	(ア) 十分に養護の行き届いた環境の下に，くつろいだ雰囲気の中で子どもの様々な欲求を満たし，生命の保持及び情緒の安定を図ること
1 健康，安全で幸福な生活のために必要な基本的な習慣を養い，身体諸機能の調和的発達を図ること	(イ) 健康，安全など生活に必要な基本的な習慣や態度を養い，心身の健康の基礎を培うこと
2 集団生活を通じて，喜んでこれに参加する態度を養うとともに家族や身近な人への信頼感を深め，自主，自律及び協同の精神並びに規範意識の芽生えを養うこと	(ウ) 人との関わりの中で，人に対する愛情と信頼感，そして人権を大切にする心を育てるとともに，自主，自立及び協調の態度を養い，道徳性の芽生えを培うこと
3 身近な社会生活，生命及び自然に対する興味を養い，それらに対する正しい理解と態度及び思考力の芽生えを養うこと	(エ) 生命，自然及び社会の事象についての興味や関心を育て，それらに対する豊かな心情や思考力の芽生えを培うこと
4 日常の会話や，絵本，童話等に親しむことを通じて，言葉の使い方を正しく導くとともに，相手の話を理解しようとする態度を養うこと	(オ) 生活の中で，言葉への興味や関心を育て，話したり，聞いたり，相手の話を理解しようとするなど，言葉の豊かさを養うこと
5 音楽，身体による表現，造形等に親しむことを通じて，豊かな感性と表現力の芽生えを養うこと	(カ) 様々な体験を通して，豊かな感性や表現力を育み，創造性の芽生えを培うこと
※幼保連携型認定こども園のみ 6 快適な生活環境の実現及び子どもと保育教諭その他の職員との信頼関係の構築を通じて，心身の健康の確保及び増進を図ること	

7章 未来へとつながる保育の目標

領域「健康」	●健康な心と体を育て，自ら健康で安全な生活をつくり出す力を養う
領域「人間関係」	●他の人々と親しみ，支え合って生活するために，自立心を育て，人と関わる力を養う
領域「環境」	●周囲の様々な環境に好奇心や探究心をもって関わり，それらを生活に取り入れていこうとする力を養う
領域「言葉」	●経験したことや考えたことなどを自分なりの言葉で表現し，相手の話す言葉を聞こうとする意欲や態度を育て，言葉に対する感覚や言葉で表現する力を養う
領域「表現」	●感じたことや考えたことを自分なりに表現することを通して，豊かな感性や表現する力を養い，創造性を豊かにする

図7-1　5領域

知識や技能の基礎
遊びや生活の中で，豊かな体験を通じて，何を感じたり，何に気付いたり，何が分かったり，何ができるようになるのか

思考力・判断力・表現力等の基礎
遊びや生活の中で，気付いたこと，できるようになったことなども使いながら，どう考えたり，試したり，工夫したり，表現したりするか

学びに向かう力，人間性等
心情，意欲，態度が育つ中で，いかによりよい生活を営むか

図7-2　育みたい資質・能力の3つの柱

の接続をふまえ，子どもの姿や育ちを意識して保育の役割を果たしていくこととなる。

　小学校，中学校，そして高等学校卒業時までも見据え，それぞれの段階で身に付けておくべき力について示されたものが「育みたい資質・能力」の3つの柱（図7-2）である。保育の現場では，教科指導ではなく，遊びや生活を通して一体的に育むことが重要である

とし，それぞれの成長や日々の積み重ねがつながっていくことを意識していかなければならない。その意味でも常に，保育の願いが込められているカリキュラム・マネジメントのPDCA（Plan・Do・Check・Action）サイクルに沿った見直しや，他の専門機関との連携は不可欠となる。「育みたい資質・能力」の3つの柱について，保育所保育指針では保育所保育における幼児教育の積極的な位置づけを踏まえた改定をしており，第1章の総則で以下のように明記されている。

(ア) 豊かな体験を通じて，感じたり，気付いたり，分かったり，できるようになったりする「知識及び技能の基礎」
(イ) 気付いたことや，できるようになったことなどを使い，考えたり，試したり，工夫したり，表現したりする「思考力，判断力，表現力等の基礎」
(ウ) 心情，意欲，態度が育つ中で，よりよい生活を営もうとする「学びに向かう力，人間性等」

■「幼児期の終わりまでに育ってほしい姿」

「10の姿」とも称され，小学校とのスムーズな接続を目指し幼稚園，幼保連携型認定こども園，保育所（園）で共有している内容である。5歳児後半に向けた日々の保育の積み重ね・育ちの中で期待される「到達目標」ではなく，どのような資質・能力が育っている「姿」であるかの評価軸とされている。幼稚園教育要領で記されている内容を以下に示す。

遊びを通した学びを大事にする幼児教育において，さまざまな体験の多様性と同時に模索する中で，それぞれの感じ方といった見方・考え方を子ども同士あるいは子どもと大人が伝え合うことが期待されている。

(1) 健康な心と体
　幼稚園生活の中で，充実感をもって自分のやりたいことに向かって心と体を十分に働かせ，見通しをもって行動し，自ら健康で安全な生活をつくり出すようになる。

(2) 自立心
　身近な環境に主体的に関わり様々な活動を楽しむ中で，しなければならないことを自覚し，自分の力で行うために考えたり，工夫したりしながら，諦めずにやり遂げることで達成感を味わい，自信をもって行動するようになる。

(3) 協同性
　友達と関わる中で，互いの思いや考えなどを共有し，共通の目的の実現に向けて，考えたり，工夫したり，協力したりし，充実感をもってやり遂げるようになる。

(4) 道徳性・規範意識の芽生え
　友達と様々な体験を重ねる中で，してよいことや悪いことが分かり，自分の行動を振り返ったり，友達の気持ちに共感したりし，相手の立場に立って行動するようになる。また，きまりを守る必要性が分かり，自分の気持ちを調整し，友達と折り合いを付けながら，きまりをつくったり，守ったりするようになる。

(5) 社会生活との関わり
　家族を大切にしようとする気持ちをもつとともに，地域の身近な人と触れ合う中で，人との様々な関わり方に気付き，相手の気持ちを考えて関わり，自分が役に立つ喜びを感じ，地域に親しみをもつようになる。また，幼稚園内外の様々な環境に関わる中で，遊びや生活に必要な情報を取り入れ，情報に基づき判断したり，情報を伝え合ったり，活用したりするなど，情報を役立てながら活動するようになるとともに，公共の施設を大切に利用するなどして，社会とのつながりなどを意識するようになる。

(6) 思考力の芽生え
　身近な事象に積極的に関わる中で，物の性質や仕組みなどを感じ取ったり，気付いたりし，考えたり，予想したり，工夫したりするなど，多様な関わりを楽しむよ

うになる。また，友達の様々な考えに触れる中で，自分と異なる考えがあることに気付き，自ら判断したり，考え直したりするなど，新しい考えを生み出す喜びを味わいながら，自分の考えをよりよいものにするようになる。

(7) 自然との関わり・生命尊重
　自然に触れて感動する体験を通して，自然の変化などを感じ取り，好奇心や探究心をもって考え言葉などで表現しながら，身近な事象への関心が高まるとともに，自然への愛情や畏敬の念をもつようになる。また，身近な動植物に心を動かされる中で，生命の不思議さや尊さに気付き，身近な動植物への接し方を考え，命あるものとしていたわり，大切にする気持ちをもって関わるようになる。

(8) 数量や図形，標識や文字などへの関心・感覚
　遊びや生活の中で，数量や図形，標識や文字などに親しむ体験を重ねたり，標識や文字の役割に気付いたりし，自らの必要感に基づきこれらを活用し，興味や関心，感覚をもつようになる。

(9) 言葉による伝え合い
　先生や友達と心を通わせる中で，絵本や物語などに親しみながら，豊かな言葉や表現を身に付け，経験したことや考えたことなどを言葉で伝えたり，相手の話を注意して聞いたりし，言葉による伝え合いを楽しむようになる。

(10) 豊かな感性と表現
　心を動かす出来事などに触れ感性を働かせる中で，様々な素材の特徴や表現の仕方などに気付き，感じたことや考えたことを自分で表現したり，友達同士で表現する過程を楽しんだりし，表現する喜びを味わい，意欲をもつようになる。

4 子どもをとりまく現状

　幼児期における語彙数，多様な運動経験等がその後の学力や運動能力に大きな影響があることがいわれ，世界中で社会情動的スキルや非認知的能力，幼児教育の重要性について注目されている。
　しかし，とくに日本においては，子どもを取り巻く社会状況の変化から子どもの生活体験が不足していることも事実である。自分の身体をコントロールし，自分自身で身を守ることや，周りの人とのコミュニケーションをはじめ，物事に対する意欲や自己肯定感，有能感，好奇心や集中力の低下に関する情報も見られるようになった。
　「子どものからだの調査2015（"実感"調査）」は，1978年から保育所，幼稚園，小学校，中学校，高等学校を対象とした調査で，最近増えたと感じる子どもの心身の変化や違和感について，5年ごとにまとめている。2015年度の報告では，幼稚園，保育所ともに「アレルギー」「背中ぐにゃ」「すぐ『疲れた』という」「じっとしていない」「床にすぐ寝転がる」「皮膚がカサカサ」「つまずいてよく転ぶ」といった項目が共通して挙げられている。大人中心の生活リズムや生活習慣が子どもの自律神経の働きに影響を与え，子どもの主体的な活動や遊びに結びつかず，試行錯誤する経験も，友達と助け合い，困難を乗り越えるといった多様な体験さえも難しい現状がある⇨2。
　就学前の子どもと関わる保育の現場は，限られた時間である。子どもの生活経験や発達段階が1人ひとり異なることが見られやすい時期であるからこそ　保育者には柔軟な見方と受け止め方が必要であり，絶えず振り返り，学び続ける姿勢が求められる。特に保育士が実際に求められている現場は，保育所をはじめとする児童福祉施設のみならず多岐にわたり，生まれて間もない乳児から高齢者までと対象者の年齢幅が広い。だからこそ，人の一生を視野に入れた高

⇨2　子どものからだと心・連絡協議会『子どもの心とからだ白書2015』ブックハウス・エイチディ，2015。

い専門的知識と理解が，乳幼児期に関わる保育者に資質や能力として期待されている。

5 特別な支援を必要とする子どもや保護者

　乳幼児期の教育は，幼稚園や保育所，認定こども園のみならず地域や家庭教育での教育も含まれることはいうまでもない。さまざまな発達課題，障害をはじめ，違う文化や言語といった外国籍をもつ子ども，あるいは保護者への配慮は多様化を増している。また，近年では幼児期から自分の性に違和感を持つ子どもがいることにも目が向けられるようになり，保育者には常に多角的な情報理解が必要とされている。

　子どもの貧困について，特に先進国の子どものうち平均5人に1人が相対的貧困状態にあるという🔲3。日本の子どもの貧困率は2015年では13.9％であり，改善してきていることが厚生労働省より明らかにされた。しかし，子どもの貧困率は改善傾向にある一方で，ひとり親世帯の子どもの貧困率が50.8％と半数を超えていることからも，日本はいまだ子どもの貧困や格差において厳しい状況が続いていることも心に留めておかなければならない🔲4。

　家庭状況や生活経験，そして価値観が異なる子ども，保護者，保育者，社会の中でも，それぞれの施設あるいは保育者は「子どもの最善の利益」を考え，判断する力を身に付けておく必要がある。

🔲3　ユニセフ・イノチェンティ研究所が毎年発行している「レポートカード」。「持続可能な開発目標（SDGs）」のうち，子どもにもっとも関連が深いと考えられる10の目標に焦点をあて，特に先進国の子どもの状況を分析するために選択された25の指標について各国を順位付けしている。調査対象国は，欧州連合（EU）または経済協力開発機構（OECD）に加盟する41カ国。

🔲4　厚生労働省「平成28年国民生活基礎調査」，2017。

8章 保育内容——遊びを通じての保育

1 保育の内容の歴史的変遷

■日本の幼児教育の夜明け

　1876（明治9）年に東京女子師範学校附属幼稚園（以下，附属幼稚園）が創設され，日本の幼稚園教育は本格的に始まった。附属幼稚園はフレーベル主義を導入し，開園当初の1877（明治10）年の「東京女子師範学校附属幼稚園規則」では，恩物（Gabe（独）：神から子どもへの贈り物を指す）が保育内容の中心となって保育が行われた。積み木遊びや折り紙遊びなど，恩物による作業をとおして，美的情操の陶冶や生活に対する認識，数への認識などが育まれることが期待された。この当時は，幼稚園に関する公的な規定がなかったため，附属幼稚園は，日本の幼稚園のモデルとして重要な役割を担った。

　しかし，当時の人々には，遊びの教育的意義が理解されず不満が高まった。そのため，1881（明治14）年の規則改正では，保育科目に小学校の予備教育的な「読ミ方」「書キ方」が加えられた。さらに，恩物が知育の道具として形式的に用いられ，時間割に沿って進められるなど，幼稚園は就学前教育の場として普及していった。このような恩物中心主義を反省し，小学校の予備的な機関としての幼稚園から脱して，本来の遊びを中心とする保育を取り戻そうと，幼稚園教育の見直しが行われた。1891（明治24）年の規則改正では，「読ミ方」「書キ方」「数ヘ方」が削除され，1893（明治26）年

には保育課目が「説話，行儀，手技，唱歌，遊嬉（ゆうぎ）」の5課目とされ，恩物が手技に一括された。またこの時期には，東基吉（ひがしもときち）（1872〜1958）や和田実（1876〜1954）らが，形式的な恩物中心主義の保育を批判し，遊びをとおして子どもの自己活動や創造性を育む，フレーベルの根本的な思想に基づく保育に立ち返ることを主張した。

そのような流れのなかで，文部省は，1899（明治32）年に「幼稚園保育及設備規程」で保育項目を初めて規定し，幼稚園教育の基本的な枠組みを制度化した。保育項目は「遊嬉，唱歌，談話，手技」の4項目となり，「遊嬉」が一番にあげられた。遊びを中心に，幼児の心身の発育に合わせて保育内容を行うことが示され，現在に至る幼稚園の基本的枠組みとなった。

■簡易幼稚園，託児所

1890年代からの急激な発展による社会変化は，多くの貧困層を生み出した。幼稚園が中・上流階級の教育施設となっていった一方で，こうした貧困層の子どもの状態は社会問題となっていた。野口幽香（ゆか）（1866〜1950）らが開設した二葉幼稚園をはじめとして，キリスト教徒や知識人などによって貧民幼稚園が設立され，貧しい子どもたちに対しての保育が行われた。遊びを中心としながらも，衛生や生活習慣などの生活指導面にも重点が置かれ，子どもの状況に応じた柔軟な保育が行われた。家庭で養育することのできない労働者の子どもの保育は，内務省所管の託児所によって担われることになり，1916（大正5）年に二葉幼稚園は二葉保育園と改称し，託児所は幼稚園とは別系統として発展し増加していった。

■戦前の保育内容

大正デモクラシーの高まりのなかで，1人ひとりの子どもの個性や能力を育てようとする新教育や児童中心主義の考え方は，幼稚園教育にも大きな影響を与えた。自由な保育が尊重され，戸外保育や

動物の飼育など，子どもの生活や体験に基づく保育が行われるようになった。そうしたなか，1926（大正15）年に文部省は幼稚園にとって初の単独の法令となる「幼稚園令」を公布した。「幼稚園令」の保育項目は，「遊戯，唱歌，観察，談話，手技等」と定められ，新たに「観察」，「等」が加えられた。「観察」では，自然などのありのままの事物を観察することが求められ，植物栽培や動物の飼育が行われるなど，戸外保育が重視されるようになった。また，「等」が付けられたことにより，保育者の判断でさまざまな活動を工夫する余地が許容された。

　幼児期の教育に，現在に至るまで大きな影響を与えているのが倉橋惣三（1882～1955）である。倉橋は，尊厳をもつ1人の人間として子どもに向かい合い，今を生きる感性豊かな子どもそのものに価値を見出した。また，新教育運動の影響を受けながら，子どものありのままの生活を尊重し，自発的な活動を通して自己充実を育む誘導保育理論を提唱した。

　戦時下になると，談話や唱歌で戦争に関連した話や歌が選ばれるなど，保育内容も戦争の影響を受けた。また，幼稚園は戦時託児所に転換されたり，閉園したりすることも多く，疎開保育なども行われた。

2 戦後の保育内容

■「保育要領——幼児教育の手引き」

　第二次世界大戦後，幼稚園は「学校教育法」（1947）により，学校の一種として制度化された。また，戦前の託児所は，「児童福祉法」（1947）が制定されたことにともない，保育所と名称が変わり，児童福祉施設の一つとなった。1948（昭和23）年には，文部省が幼稚園と保育所，父母に対する幼児教育の手引きとして「保育要

領——幼児教育の手引き」を刊行した。これは，法的な基準というよりも，幼児教育への理解を深めるための手引きであった。保育内容には，副題に「楽しい幼児の経験」と付けられ，「見学，リズム，休息，自由遊び，音楽，お話，絵画，製作，自然観察，ごっこ遊び・劇遊び・人形芝居，健康保育，年中行事」の12項目があげられた。幼児の広い生活範囲が取り上げられ，子どもの興味や要求から生じる自発的な活動を重視するなど，幼児教育に新しい方向性を示し，その後の幼児教育に大きな影響を与えた。

■幼稚園教育要領，保育所保育指針——1956〜2008年

学校教育に一貫性をもたせ，計画性と系統性をもった基準とするため，1956（昭和31）年に「保育要領」が改正され「幼稚園教育要領」が刊行された。保育内容は，「健康，社会，自然，言語，音楽リズム，絵画製作」の6領域に区分された。しかし，1964（昭和39）年の改訂を経た後も，「領域」が学校教育の「教科」と同一視され，ねらいを達成することが重視されてしまった。そのため1989（平成元）年の改訂では，子どもの発達の側面から「健康，人間関係，環境，言葉，表現」の5領域に再編成された。子どもの遊びを中心とした主体的な活動が重視されるようになった。1998（平成10）年，2008（平成20）年の改訂では，保育内容について大きな変化は見られないが，都市化，核家族化，情報社会化など，子どもを取り巻く環境の変化や時代のニーズから，「教育課程外の教育活動」の必要性など，保育内容をとらえ直し応えていかねばならないことが強調された。

保育所の保育内容については，1965（昭和40）年に厚生省児童家庭局が「保育所保育指針」を通達した。7つの年齢区分ごとに保育内容が提示され，領域と望ましい経験があげられた。教育に関しては幼稚園教育要領に準じ，3歳未満児や保育時間など保育所独

自の部分が作成された。1990（平成2）年の改訂では，3歳児未満は未分化であるため領域を示さず，3歳児以上は幼稚園教育要領に準じるようになった。1999（平成11）年と2008（平成20）年の改訂（定）では，1994（平成6）年の児童の権利条約批准にともない，子どもの人権を尊重し配慮することや，乳幼児を取り巻く環境の変化に応えるため，子育て支援の中心としての役割が強調された。さらに，保育指針が告示として周知されるようになった。

■幼保連携型認定こども園教育・保育要領と平成29年告示改訂の特徴

2015（平成27）年4月に，幼児期の教育・保育の「量」の拡充と「質」の向上を進める子ども子育て支援新制度とともに，認定こども園が実践を進めるためのガイドラインとして，「幼保連携型認定こども園教育・保育要領」が施行された。幼稚園教育要領，保育所保育指針との整合性の確保から，保育内容に関しては「幼稚園教育要領」と同じ内容が記載され，養護的な部分は配慮事項として示された。具体的な保育の場面で，認定こども園には異なる背景をもつ多様な園児がいることから，より1人ひとりの子どもに応じた配慮が求められた。

2017（平成29）年にこれら3つの要領・指針が同時に改訂（定）告示され，2018（平成30）年4月より施行されることとなった。同時改訂（定）の大きなねらいの1つは，幼稚園，保育所，認定こども園で，3歳以上の子どもの幼児教育が共通化されることにより，「環境を通しての教育」という幼児教育のあり方が明確にされたことである。幼児期の特性から，「幼児教育において育みたい資質・能力」の3つの柱として，①知識及び技能の基礎，②思考力，判断力，表現力等の基礎，③学びに向かう力，人間性等が具体的に示された。そして，乳児からの発達と学びの連続性が重視され，小学校への「学び」のつながりを明確にすることが示された。3つの柱を踏まえつつ，これまで5領域で示されていたもののうち，年長の後半で育つ部分を

整理したものとして,「幼児期の終わりまでに育ってほしい姿」(10の姿)が子どもたちの育つ方向性を明示し,小学校との教育の接続の強化が図られた。

3 現代における保育の内容

　保育内容は,遊びを中心とした生活をとおして,子どもに身に付くことが望まれているものである。保育者は,この保育内容を理解することによって,乳幼児期にふさわしい指導を行うことが求められている。保育内容は,養護と教育で構成され,遊びをとおして総合的に展開される。ボルノウ(Bollnow, O. F., 1903～1991)が指摘するように,教育の前提には,包まれ護られた温かい雰囲気が不可欠である。子どもが安心して活動し,充実した生活を送るためには,温かく見守り,適切な援助を行うことによって安心できる居場所をつくることが求められる。このように,養護と教育は切り離すことはできないが,この2つの視点をとおして保育を把握し,適切な判断や援助ができるようになることが重要である。

■乳児・幼児の本質的な欲求への理解

●生命の保持

　そもそも人間の子どもは,他の動物に比べて未成熟で非常に弱い状態で生まれ,他者の保護や養育を必要とする。そのため,まずなによりも1人ひとりの子どもの心と身体の健康と安全が守られる環境の構成と,愛情をともなった適切な援助とかかわりが必要である。それには,子どもの授乳,排泄,睡眠などの本質的な欲求を満たすことが基本となる。その際,子どもの表情や態度などから思いをくみ取り,子どもを主体としながら応答的なかかわりをもつことが求められる。さらに,乳幼児期の子どもは,心と身体の発達が未分化であり,個人差が大きいという特徴をもつ。子ども1人ひとりの発

達のプロセスを大切にしながら，心と身体の両面の欲求を丁寧に感じ取り，適切にはたらきかけることが重要になる。

● 情緒の安定

保育者が1人ひとりの子どもに愛情深い応答をすることで，子どもは信頼関係を築き，それぞれ安心した居場所を作ることができる。この安心した居場所を軸にして，保育者に見守られながら，遊びをはじめとするさまざまな主体的な活動をとおして子どもは世界を広げていく。また，子どもは自分の気持ちが愛情をもって受け入れられ共感され，存在が認められる心地よさを味わうことで，人に対する信頼の気持ちと，自分がかけがえのない存在だと価値を認める，自己肯定感を抱くようになる。この信頼や愛の気持ちが，生涯にわたる人間関係の基礎を築く。

このように，保育者は子どもの居場所であり，人間関係の基礎であり，望ましい生活の習慣や態度の見本となる重要な存在である。だからこそ，保育者は人間性，専門性の向上に努めなければならない。また，前提として，保育者自身の情緒が安定していること，かけがえのない命を育んでいく存在であるという使命感をもつことが求められる。

■ 5領域への理解と全人的な観点の重視

保育内容は，保育者が子どもを発達の側面からとらえる視点として，5つの領域に分けられている。その領域は，心身の健康に関する「健康」，人とのかかわりに関する「人間関係」，身近な環境とのかかわりに関する「環境」，言葉の獲得に関する「言葉」，感性と表現に関する「表現」である。

この5つの領域は，独立したものとして指導されている小学校以上の教科と異なり，遊びをとおして総合的に保育することが求められる。領域は，それぞれねらい，内容，内容の取り扱いで構成されている。ねらいとは，保育施設において育みたい資質・能力を幼児

の生活する姿からとらえたものである。また内容は，そうしたねらいを達成するために指導する事項のことである。

　たとえていうならば，5領域は栄養素のようなものである。サプリメントを与えるように，言葉だけ，表現だけと活動を部分的に遊ばせたり，指導したりするのではない。私たちが，1日をとおして栄養のバランスのとれた食事を摂ることを心がけているように，1日の保育のなかで，5つの領域のねらいが偏りなく子どもの活動に活かされているかが大切である。保育者は，保育のなかで繰り広げられるさまざまなかかわりを，この5つの窓口をとおして全人的な観点から考察し，活かしていくことが求められる。子どもの活動に偏りが見られたときには，保育者同士で協力しながらPDCAサイクルによって環境を構成し直すことが必要だろう。子ども1人ひとりの発達に応じた遊びをとおした総合的な活動を計画することによって，子どもは心情・意欲・態度を育んでいく。

4　遊びの教育的な意義について

■遊びの特徴

　遊びの大きな特徴の1つは，子どもが自らはたらきかけなければ遊びが始まらないという，自発性にある。子どもが自分の興味・関心を世界に向け，世界との相互作用のなかで，さらに次の興味・関心を育み，主体的に世界へかかわっていく。この成果や目的をもたない相互作用の過程こそが遊びである。子どもは，遊びのなかで試行錯誤し，工夫していくことで，より楽しみを深めていく。この繰り返しのなかで，自分のしたいことに全力で取り組み，自分らしく遊べるようになる楽しさを経験し，充実感や満足感を味わう。このように，子どもは遊びをとおして生きる喜びを自分の手で経験していく。

■五感をとおした遊び

　子どもは，遊びのなかで五感をとおしてたくさんの刺激を受けながら，心身をともに育んでいく。例えば，砂遊びで砂山を作って遊んでいる子どもがいるとしよう。子どもは何を楽しんでいるのだろうか？　触ったときの砂の冷たさやざらざらした感触，園庭に咲いている花の匂い，砂をこぼしたときのサラサラとした音，砂に水を混ぜたときの色の変化など，さまざまな刺激を感じて遊んでいる。砂山を作るという目に見えるものだけではなく，その過程でさまざまなはたらきかけと刺激の相互作用が起こり，たくさんの体験をしている。同時に，子どもは心身が未分化な状態であるため，身体で感じたことは心にもつながっている。また反対に，気持ちが行動として身体に表れる。そのため，子どもは夢中で遊んでいるとき，心と身体の全身で自分の存在を感じ，楽しさを味わい，調和的に発達していく。

■ひとり遊びから集団遊びへ

　子どもの心身の発達とともに，遊びも変化していく。まず，保育者などとの安心した関係をもとに，ひとり遊びを楽しむ。反抗期が始まると，なんでも自分でやってみようとする姿勢が見られ，積極的に周りのものとの相互関係を楽しむ。そのうち，同じ場所で何人かで遊んでいるが，それぞれ別々の遊びを楽しむ平行的遊びを楽しむようになる。他の子どもと共通の遊びをするのではないが，一緒にいることで，楽しい雰囲気を共有する。そのうち，自分の遊びを楽しみながらも他の子どもや保育者の遊びを気にしたり，交流したりしようとする。そして，人とつながる喜び，感情の共有を楽しみながら，子どもは自分の世界を相手と共有したいと思うようになる。幼児期の後半になると，多くの子どもと一緒に遊ぶ力を身に付け，集団で行うドッジボールなど簡単なルールのある遊びや，大型

積み木など協力して行う遊びを楽しむようになる。

■ 友だちとのかかわり合いから育まれるもの

　友だちと一緒に遊ぶことによって，子どもは新しい世界や新しい自分に気付かされる。また，さまざまな感情や体験を味わう。自分が苦手な遊びに対しても，友だちがいることによって背中を押され，チャレンジしてみようとする。集団遊びでは，さまざまな子どもとかかわり合い，それぞれが自分の欲求や行動をすべて出して遊ぶため，葛藤を経験する。特に，幼児期は自我が芽生える時期であり，自分の欲求が他の子どもの欲求とぶつかりあう場面も多い。このような衝突をとおして，子どもは自分の思いが他人と違うことを体験し，自分を知っていく。他の子どもと一緒に遊ぶ楽しさだけではなく，自分のしたいことを我慢し，なかなか仲間に入れない悲しさやさみしさなど，さまざまな感情を味わい，体験する。ひとり遊びによる自己充実から，友だちとのかかわり合いのなかで自分を抑制し，調整するようになる。周りの環境にあわせて自分も変化し，仲間とともに遊びを通して成長していく。

5　遊びと学び

■ 情愛豊かな保育者の見守りの中でのびのびと育つ子どもたち

　日々の実践のなかで，子どもがのびのびと育つように援助していくためには，保育者が愛をもって子どもを見守ることが重要になる。見守るということは，ただ現実の子どもの行動や思いを見ているだけではない。その行動や思いがなぜ現れたのか，子どものより深い内面を感じ，その子どもが自ら伸びようとしている未来への志向性に思いを馳せることである。また，子どもの未来を見ることは，その子どもの自己実現の可能性を信じることであり，教育の根源的な

愛の行為として，子どもを支えることである。どんなときも，子どもを肯定的に受け止めることによって，子どもの安心感は自尊感情へと育まれ，子どもはいきいきと外の世界へはたらきかけていく。

■協同的な遊び

　ある年長クラスで『赤ずきん』の絵本を読んだ後，何人かの子どもが，それぞれ『赤ずきん』の指人形を作り遊び始めた。そのうちに，クラス全体が指人形で遊びだしたが，それだけでは物足りず，みんなで劇をして遊ぼうということになった。そして，「クラスのみんなで劇をする」という目標を実現していくために，子どもたちは，役決め，お面や道具づくりなどを話し合い，それぞれが役割を分担して協力し合って劇を成功させた。

　子どもたちは，このような遊びのなかで共通のイメージや目的を作り出し，それに向かって自分の思いを相手に伝え，相手の思いを受け止めながら，自分の役割を見つけて実行する過程を経験する。子どもの興味や関心に基づく遊びの延長線上で，1人ではできないみんなの願いを，時間をかけてみんなで実現していく過程となる。特に，協同的な遊びでは，いつもの仲良しグループではない仲間との協力関係のもと，目標に向かって取り組んでいく過程であることが特徴の一つである。また，子どもたちが，「みんなで劇をする」といったような，まだここにはない見えない目標を実現していくためには，保育者の支援が必要である。子ども同士が話し合いをできるような対話の場や，共通のイメージを抱きやすいような環境や段取りを整えるなど，子どもの思いに沿って保育者が構造化していくことが求められる。

　しかし，何よりも大切なのは，子ども自身が主体的に，みんなで楽しみながら活動していくように，工夫し協力し合うことである。その楽しさや遊びの目標に向かって協力し合う経験が，今の子どもを育むだけでなく，小学校以降の学びの力にもつながっていく。

参考文献

ボルノウ，O. F. 著，森昭・岡田渥美訳『教育を支えるもの』黎明書房，1969
湯川嘉津美『日本幼稚園成立史の研究』風間書房，2001
民秋言『幼稚園教育要領・保育所保育指針の変遷と幼保連携型認定こども園教育・保育要領の成立』萌文書林，2014
無藤隆『幼児教育の原則』ミネルヴァ書房，2009
無藤隆『幼児教育のデザイン──保育の生態学』東京大学出版会，2013
日本保育学会編『保育学講座1　保育学とは──問いと成り立ち』東京大学出版会，2016

9章　子どもと共にある保育の方法

　「保育」は無限の可能性を秘めた営みである。幼稚園や保育所には，日々成長していくさまざまな個性をもった子どもたちがいる。そして，その子どもたちの健やかなる成長・発達を願い，子どもの心に寄り添い，適切な援助をしていこうと努力する保育者がいる。こうした人的環境だけでなく，設備や遊具などの物的環境，自然や社会事象が相互に関連し合って保育の環境は作り出されている。子どもは環境との相互作用によって成長・発達していく存在であるため，幼稚園や保育所においては，幼稚園教育要領や保育所保育指針といった基準にもとづきながらも，子どもの生活が豊かなものとなるように，計画的に環境を構成し，工夫して保育の実践を行っている。この「環境を通して行う」保育の特性にこそ，保育の可能性が見出せるのである。保育者はその専門性を発揮し，そのときどきの子どもの成長・発達の状態に応じた応答性のある保育環境を構成し，最善の保育の方法を常に模索し続けることが求められる。

　同一のねらい，同一の内容で保育をするにしても，保育者がどのように保育を行うのか，つまり保育の方法の選択により，保育の在りようは一変する。たとえば，「秋の自然に興味をもつ」というねらいにもとづき，ドングリの絵を描くという保育内容を設定したとしよう。保育者Aは，写真を見せ，秋に見られるドングリの特徴を子どもたちに伝えたうえで，絵を描かせる保育の方法を選択する。一方，保育者Bは，子どもとともに園庭に出てドングリを拾う。拾ったドングリを自由遊びの時間にお絵かきコーナーの机の上に筆記具とともに置く。そして子どもたちがドングリに興味を示し，描きたくなるような環境を整えるという保育の方法を選択する。どち

らも同じねらいにもとづき，同じ保育内容が設定されているが，保育者Aと保育者Bとでは保育の方法が異なっている。このように，保育においては，何のために（保育のねらい），何を（保育の内容）行うのか，ということだけでなく，どのように行うのか（保育の方法）という点にこそ，保育者の保育観や技量が表れるのである。

1 保育方法の歴史的な変遷

　乳幼児期の特性をふまえ，環境を通して，幼児1人ひとりの特性や発達課題に即して保育が行われること，子どもの自発的な活動としての「遊び」を保障すること。これらは，保育に携わる者にとって自明なことであると思われる。しかし，保育の歴史を遡ると，保育の内容や方法が，それぞれの時代の子ども観，保育思想の影響を受けて，変化してきたことが理解できる。本節では，幼稚園の歴史的変遷を振り返りながら解説していく。

■幼稚園創設期における保育の方法

　日本では，1876（明治9）年に日本ではじめての官立の幼稚園である東京女子師範学校附属幼稚園が設立された。

　この幼稚園では，フレーベル主義にもとづき保育内容が定められており，フレーベル（Fröbel, F. W. A., 1782～1852）の考案した遊具である恩物□1を中心とした保育が行われていた。現在の小学校の時間割と同じように，「保育時間表」が作成され，それぞれの曜日ごとにすべき内容が時間ごとに定められていた。

　各活動について30分から45分間ずつ区切られた保育時間表にもとづ

□1　フレーベルが考案した遊具（教材）。第1恩物～第20恩物まであり，日本では第1～10恩物を「恩物」，第11～20恩物を「手工，工作」と呼んだ。

□2　お茶の水女子大学付属幼稚園『年表・幼稚園百年史』国土社，1976，p.9。

図9-1　恩物の時間□2

き，小学校の授業のように，幼稚園保姆▶3が幼児の前に立ち，椅子に座り机に向かっている幼児に対して一斉に指示を出し，幼児はその指示に従って手順通りの作業を行う一斉教授式の保育がとられていた。

東京女子師範学校附属幼稚園におけるこのような保育内容および保育方法がモデルとなり，日本各地に幼稚園が設立されていった。幼稚園創設期の保育の方法は，幼稚園保姆による統制度の強い一斉教授式の保育となったのである。

▶3 現在の幼稚園教諭は，戦前日本においては幼稚園保姆と称されていた。

■恩物主義からの脱却

19世紀の後半に入ると，恩物を中心とした一斉教授式の保育に対する批判やデューイ（Dewey, J., 1859～1952）らの経験主義にもとづく教育思想が台頭してくる。日本でもそれらの新たな教育思想が取り入れられ，1899（明治32）年に「幼稚園保育及設備規程」が制定された。この規程には，保育項目として「遊嬉」「唱歌」「談話」「手技」の4つが定められた。それまで保育の中心とされていた恩物を「手技」の中に含めることで恩物中心の保育からの脱却が図られ，遊びを重視した保育へと転換した。

1926（大正15）年には「幼稚園令」が制定された。これは日本における幼稚園に関する最初の単独令であり，法的な側面からも幼稚園における保育が小学校以上の教育とは異なる独自性が認められるようになった。同令にもとづき規定された幼稚園令施行規則の中に「遊戯，唱歌，観察，談話，手技等」と保育項目が定められた。「幼稚園保育及設備規程」と比べると，保育項目に「観察」が加えられ，さらに5つの保育項目に「等」の文字が加えられたことは，それまでの画一的な保育の内容と方法を否定し，子どもの遊び（生活）を重視した保育と，幼稚園保姆の裁量による自由な保育が容認されたことを意味していた。このような変化は，当然，保育の方法にも影響を与え，幼稚園創設期にみられた一斉教授式の保育か

ら，子どもの心身の発達に適した保育を重視する方向へと変化した。

■倉橋惣三の誘導保育論

倉橋惣三（1882～1955）は，明治以来の形式的な恩物主義（フレーベル主義）から脱却し，自由遊びを重視し，子どもの生活とルールに根ざした「自己充実」を目指し，自己充実の実現のために保育者が行う「誘導」を保育の基本とした「誘導保育論」を掲げ，その後の日本の保育界の礎(いしずえ)を築いた人物である。倉橋は「誘導」について次のように述べている。

> 幼稚園というところは，生活の自由感がゆるされ，設備が用意され，懇切，周到，微妙なる指導心をもっている先生が，充実指導をして下さると共に，それ以上に，さらに子の興味に即した主題をもって，子供達の生活を誘導して下さるところでなければなりません。 ▶4

▶4 倉橋惣三『幼稚園真諦』（倉橋惣三選集第1巻）フレーベル館，1967。

▶5 同上。

すなわち，幼稚園は，子どもが自由に生活でき，保育者は子どもの興味に即して子どもの生活を懸命に誘導する存在であると指摘している。また，保育者の保育の方法として「充実指導」の必要性を述べている。充実指導とは，「子供が自分の力で，充実したくても，自分だけでそれができないでいるところを，助け指導」▶5することを指す。そして，保育の方法としての「誘導」のあり方については次のように示している。

> 誘導となると，子供よりも，大人の方がずっと多く働くことになります。充実指導をしようと心がけてはいても，しかし自ら何もしない子供があるかもしれません。そこで，そういう力のない生活を，もう一つ，幅において，深さにおいて展開させていこうとなると，いささか強い働きを外から加える必要が起こります。 ▶6

▶6 同上。

このように，倉橋の誘導保育論は，子どもの遊びを充実させるこ

とのできる自由な雰囲気と環境をベースに，幼稚園で自由に遊びこむ自己充実の状態から，充実指導が行われることで，さらに子どもたちが生活そのものを充実できるように誘導するという保育観であり保育の方法を指す。この考え方は，現代の保育においても受け継がれている。

■戦後における保育の方法

1947（昭和22）年，GHQ（General Head Quarter：連合国軍総司令部）のもとで日本では教育基本法と学校教育法が公布され，幼稚園は学校教育体系に位置づけられた。学校教育法第77条において「幼稚園は，幼児を保育し，適当な環境を与えて，その心身の発達を助長することを目的とする」とその目的が規定された。

1948（昭和23）年には「保育要領――幼児教育の手引き」が定められた。そこに示された保育内容は教科的性格のものではなく，幼児が自発的に取り組む楽しい生活経験として「見学・リズム・休息・自由遊び・音楽・お話・絵画・制作・自然観察・ごっこ遊び／劇遊び／人形芝居・健康保育・年中行事」があげられた。保育内容の設定理念をふまえれば，保育の方法にも，子どもの自主性や自発性を大切にし，子どもが自主的に楽しく遊び，遊びを通して生活に必要となる経験を積めるような配慮が求められることになる。

その後，1956（昭和31）年には保育要領を改訂し，新たに「幼稚園教育要領」が刊行された。幼稚園教育要領は学校教育法に掲げる5つの目標に沿う形で保育内容を考え，系統的かつ計画的に保育を実施するための基準として作られたものである。その後，時代の要請に沿う形で，1964（昭和39）年，1989（平成元）年，1998（平成10）年，2008（平成20）年，そして2017（平成29）年に改訂され，時代の要請に応えるべくその内容にも変化がみられた。しかし，保育が「子ども中心」に行われるべきであるという保育観は，現在に至るまで常に保育を考えるうえでの基本であり続けている。

2 現代における保育の方法

保育所保育指針の第1章「総則」には,「保育の方法」として,次のように示されている。

第1章 「総則」 3 「保育の原理」(3)「保育の方法」

ア 一人一人の子どもの状況や家庭及び地域社会での生活の実態を把握するとともに,子どもが安心感と信頼感を持って活動できるよう,子どもの主体としての思いや願いを受け止めること。

イ 子どもの生活リズムを大切にし,健康,安全で情緒の安定した生活ができる環境や,自己を十分に発揮できる環境を整えること。

ウ 子どもの発達について理解し,一人一人の発達過程に応じて保育すること。その際,子どもの個人差に十分配慮すること。

エ 子ども相互の関係作りや互いに尊重する心を大切にし,集団における活動を効果あるものにするように援助すること。

オ 子どもが自発的,意欲的に関われるような環境を構成し,子どもの主体的な活動や子ども相互の関わりを大切にすること。特に乳幼児期にふさわしい体験が得られるように,生活や遊びを通して総合的に保育すること。

カ 一人一人の保護者の状況やその意向を理解,受容し,それぞれの親子関係や家庭生活等に配慮しながら,様々な機会をとらえ,適切に援助すること。

上記は,保育士等が特に留意して保育を行う必要のある事項である。この点について,保育所保育指針解説(2008)には「状況の把握と主体性の尊重」「健康安全な環境での自己発揮」「個と集団」の項目に分けて解説がなされている。現代における保育の方法の基本となるこれらのポイントを押さえたうえで,保育の形態についても説明する。

9章　子どもと共にある保育の方法

■保育の方法の基本

a　状況の把握と主体性の尊重

　まず，保育の方法を考えるうえで大切なことは，子どもの状況を把握することである。子どもは幼稚園や保育所だけでなく，家庭や地域社会の一員としても生活している。家庭や地域社会での生活の実態を把握し，それらとの連続性に配慮した保育を行うことが必要である。

　また，子どもが安心感をもってのびのびと活動できるように，幼稚園や保育所における集団保育の場においても，常に子ども1人ひとりの主体性を尊重することを忘れてはならない。そのためにも，子どもの思いや願いを受け止めることを基本に保育を展開する必要がある。保育者や他の子どもにとっては楽しいと思える活動であっても，ある子どもにとっては楽しく感じられないこともあるだろう。保育場面における遊びは，それに取り組む子どもが自らの意思で自発的に取り組むことを前提とした活動である。保育者は子どもに対して，活動を「やらせる」ことを強いるのではなく，子どもが主体的に活動に取り組むことができるよう配慮することが大切である。

b　健康・安全な環境での自己発揮

　保育者は，1人ひとりの生活リズムを大切にするとともに，子どもが健康，安全で情緒の安定した生活を送り，自己を十分に発揮できるような環境を整える必要がある。保育は環境を通して行うものである。子どもや保育者といった人的環境，設備や遊具などの物的環境，自然や社会現象といったものが相互に関連し合って保育の環境は作り出される。それらの環境との相互作用によって子どもは成長・発達していく。子どもたちが発達段階に応じた適切な経験ができるように，子どもの発達の状況やその時々の興味関心，生活の流れに即して包括的に環境を構成し，その環境にかかわる子どもの姿

を通して，より適した環境を柔軟に再構成できる力が必要となる。

c　個と集団

　保育者は子ども1人ひとりの個性を尊重し，それぞれの発育・発達の状況をふまえ，個々に応じた援助をするように努めなければならない。同時に，保育者は個の成長が集団としての成長を促すことを意識して，子ども相互のかかわりについても保障する必要がある。

　個と集団の発達を促すために，日々目の前にいる子どもに目を向け，個と集団の成長を克明に記録することも非常に重要である。そうして作成された保育の記録は，その時々の個と集団の成長を理解し，次の保育の方法を考えるうえで大切な資料となる。また幼稚園や保育所においては，集団生活の特性を生かし，個の成長が集団の成長につながるように，そして集団での活動が個の成長を促すように，常に留意して保育を行うことが大切である。

d　生活や遊びを通しての総合的な保育

　子どもの能力は遊びや生活を通じて相互に関連し合って総合的に発達することを念頭において，保育をしていくことが肝要である。

　たとえば，保育者が絵本を読む際，子どもたちは絵本を通しておはなしの世界を楽しみながら，豊かな言葉の想造力を育んでいる。しかし，絵本を読んでいる時間だけでなく，読後にもおはなしの世界をとおしてさまざまな経験をしている。たとえば，おはなしの主人公になりきって遊ぶことは，表現力や新たな語彙を獲得することにつながる。また，登場人物の立場になりきることで，他者の気持ちに気づくきっかけになることもあるだろう。またストーリーに欠かせない物を工夫して作ったり，絵本の中の言葉や行動を自らの生活や遊びに反映したりして楽しむ姿も見られる。

　このように，子どもたちは集団生活のなかで遊びを通してさまざまなことを学ぶ。生活習慣の確立や遊びに必要な知識・技術の獲得

はもちろんのこと，遊びのなかで友だちとぶつかり合い葛藤を経験することで，次第に他者の気持ちに気づけるようになったり，友だちと協力し合うことで協調性を養ったり，気持ちよく生活するためのルール等について体験を通して学ぶのである。そのため，幼稚園や保育所においては，生活や遊びを通して総合的に保育することを基本としている。

■保護者支援の方法

保育者と保護者は，共に子どもを育てるパートナーとして連携し協力することが大切である。そのためにも，まず保護者からの信頼を得ることが不可欠である。保護者を指導するというスタンスではなく，あくまでも保護者の子育てを支援し，保護者とともに子どもの成長を願う者として，保護者の気持ちを受け止め，保護者とともに子どもの成長を喜び，保護者の悩みに寄り添い，子育てをサポートしていくことが保育者には求められている。

■保育の形態

保育の形態は，「保育者の子どもに対する働きかけ方や，活動のし方の特徴を種々の観点から分けたもの」である。自由保育や一斉保育といった形で保育の形態を表現することが多いが，両者には，それぞれ長所・短所がある。また，幼稚園や保育所においては1日のなかで自由保育が適する保育内容と，一斉保育・設定保育が適する保育内容が混在しているため，保育者は，子どもの状態や保育のねらい，内容にあわせてその都度もっとも適切な形態および保育の方法を選択していく必要がある。

a 自由保育

自由保育とは，1人ひとりの子どもの自発的で主体的な活動を尊重して保育を行う形態である。そのため，子どもたちは，自分の興

味のある活動に，自分がやりたいと思う方法で納得いくまで取り組むことができるという特徴がある。

　自由保育において，保育者が子どもを放任するようなことはあってはならない。子どもたちが1人ひとり好きな遊びに自由に取り組むということは，保育者はより広い視野で，すべての子どもたちの活動を把握したうえで，子どもたちが安全に遊ぶことができ，取り組んでいる遊びを壊さないように十分に配慮しながら，子どもたちが自ら遊びを発展させ，遊びを通して適切な発達が促されるような環境設定をしなければならない。

　この点を保育者が十分に理解していなかったり，子どもの発達を正確に見きわめ，適切な環境設定をする力量がなかったりした場合には，子どもの経験・活動に偏りが生じてしまい，子どもたちがその時期に経験すべきことや，達成すべき発達課題がおざなりになる危険性もある。

b　一斉保育・設定保育

　一斉保育とは，あらかじめ保育者によって設定された保育内容をクラス全体で一斉に取り組む保育の形態である。設定保育も保育者があらかじめ設定した保育内容に子どもたちが取り組むという点では一斉保育と似ているが，保育の対象は必ずしもクラス単位とは限らない。クラスをいくつかのグループに分けグループごとに保育内容を設定するケースや，個人を対象として行われることもある。いずれの場合も，保育者があらかじめ設定した形で保育が進行することが多く，保育者の統制力が強く発揮され，子どもの自由な発想や自発性が抑えられ，結果として，活動が受動的で画一的になる恐れもある。

　しかし，保育内容によっては，集団活動だからこそ得られる達成感を経験する機会を設けることや，すべての子どもたちにその時期に必要な経験を積む機会を確保できること，1人ひとりの子どもに

対して調和のとれた発達を促すことが可能である等の利点もある。
　一斉保育・設定保育の保育形態を選択する場合には，保育者が設定した保育内容を子どもたちが主体的に取り組むことができるように，子どもたちの興味を引きつけ，活動に取り組む意欲を高め，何よりも1人ひとりの子どもの個性を尊重し，個別的な配慮をしていくことに留意することが大切である。

c　子ども集団の編制

　子どもたちをどのような集団に編制するかということもまた，保育方法の選択の一部である。子ども集団の編制の形態についてはさまざまなものがあるが，ここでは，大きく「年齢別保育」と「縦割り保育」の2つについて，それぞれの特徴をみていく。それぞれに利点があるため，通常は年齢別のクラス編制をしている園においても，特定の曜日や行事の際などに一時的に縦割り保育を取り入れるなど，柔軟に子ども集団が編成されることが望まれる。

d　年齢別保育

　年齢別保育とは，同年齢（学年）の子どもで集団・クラスを編制して行う保育を指す。個人差はあるものの，子どもの発育・発達の状況が他の保育形態に比べて近似していることもあり，子どもにとっての負担も少ないといえる。また保育者にとっても，子どもの成長の様子を把握しやすく，子どもたちに経験させるべき内容が比較的均一であることから，効率的なクラス活動が可能な編制であるといえる。

e　縦割り保育（異年齢混合保育）

　縦割り保育とは，年齢の異なる子どもたちを同じ集団・クラスに編制して行う保育を指す。家庭や地域において異年齢の子どもと接する機会の少ない現代の子どもたちにとって，異年齢の子どもと接

することで思いやりをもったり，年長児へのあこがれをもち，刺激を受けたりするという利点がある。一方で，縦割り保育では年齢別のクラス編制の場合と比べて，同一集団内における子どもたちの発達の差が大きい。保育の立案段階から個人差を十分に配慮して保育のねらいや内容を設定し，保育実践の場においても，1人ひとりの子どもの状況に即した適切な援助が必要である。

3 保育を展開する保育者

本章の冒頭でも述べたとおり，保育の方法は，保育者の保育観や子ども観に左右されるものである。そのため，保育者には，幅広い知識や保育技術だけでなく，目覚ましい成長の過程にある子どもたちの心に寄り添い，適切なかかわりを可能とする対応力や人間性，そして，子どもをよりよい方向へと導くための存在として自らも常に保育者として人間として成長し続ける姿勢が求められる。

■「心の安全基地」としての保育者の存在

保育に関する知識や技術といった専門性は，ただそれだけでは十分に機能しない。なぜなら，子どもが幼稚園や保育所等における集団生活の場を通して成長するためには，家庭における父母と同様に子どもに対して温かい眼差しを向け，子どもの心に寄り添い，子どもの心の拠り所，すなわち「心の安全基地」としての機能を有する大人の存在が不可欠であるからである。この「心の安全基地」としての保育者の存在を支えとして，子どもたち

図9-2 保育者に見守られて遊ぶ幼児

はさまざまな物事に興味をもってかかわったり，挑戦したりすることができる（図9-2）。

　たとえ遊びが思い通りに進まず気持ちが不安定になったとしても，保育者が自分の気持ちを理解し，受け止めてくれるという安心感があることで，子どもたちは気持ちを立て直し，また新たな挑戦をすべく保育の環境のなかへと飛び込んでいくことができるのである。

　子どもが健やかに育つためにもっとも大切なことは，自分が人から温かな視線で見守られ大切にされているという実感をもつことであろう。このことを十分に理解し，子どもたちの情緒を安定させることを保育者としての基本的な姿勢としてもつことにより，保育者が有する知識や技術が十分に発揮され質の高い保育実践が可能となるのである。

■**よりよくあろうとする保育者**

　幼稚園や保育所では，専門的知識と技術をもった保育者によって，子どもの健やかなる成長発達を心から願い保育が行われる。

　そこでの保育の方法には，保育者の保育観・子ども観が反映されるが，保育者は子どもをよりよい状態に導くことを常に念頭に置く必要がある。

　子どもをよりよい状態に導くためには，保育者自信がよりよい方向にあろうとする姿勢が不可欠である。それは言葉遣いや態度，姿勢といった外面的なものはもちろんのこと，常によりよい保育実践を目指そうとする姿勢をもつことが肝要であろう。また，保育者には，反省的実践家としての姿勢が求められる。日々，子どもたちの状態に心を配り，保育の計画を立案し，保育を実践する。そして，その保育を振り返り反省・考察し，また次の保育へと思いを向ける。このように，常によりよい保育を目指そうとすることが，子どもと共にある保育者がとるべき広義の意味での，保育の方法の基本といえる。

参考文献

粂幸男・渡辺真一編『入門・保育原理』福村出版，1996
倉橋惣三『フレーベル新書10　幼稚園真諦』フレーベル館，1976
倉橋惣三『フレーベル新書12　育ての心（上）』『フレーベル新書13　育ての心（下）』フレーベル館，1976
森上史朗・吉村真理子編『保育講座4巻　保育方法指導法の研究』ミネルヴァ書房，1991
日本保育学会『日本幼児保育史』（第1～6巻），フレーベル館，1975
お茶の水女子大学文教育学部付属幼稚園『年表・幼稚園百年史』国土社，1976
坂元彦太郎『フレーベル新書14　倉橋惣三・その人と思想』フレーベル館，1976年
柴﨑正行編著『保育内容と方法の研究』栄光教育文化研究所，1997
高杉自子・森上史朗編著『演習保育講座4　保育方法論』光生館，1998
上村潤子・田中薦・竹原健二・山口孝道編『保育原理（改訂版）』法律文化社，1993

10章 保育をとりまく環境

1 環境と相互作用のなかで育つ子ども

　子どもは環境の影響を受けて育つ存在である。したがって，保育施設の環境構成が非常に重要であることは明らかであろう。子どもの望ましい成長発達のためには，それにふさわしい環境を整えなければならないということになる。それでは，保育施設で子どもを育てる保育者は，どのような環境づくりを心がけることが求められるのだろうか。そこで，現代の幼児教育・保育のガイドラインとなっている，幼稚園教育要領と保育所保育指針のなかで「環境」はどのようにとらえられているのかについてみてみよう。

　幼稚園教育要領第1章「総則」では幼稚園教育の基本として，「幼児期の特性を踏まえ，環境を通して行うものであることを基本とする」（下線は引用者，以下同様）とされている。また，保育所保育指針にも保育所の役割として以下のような記述がある。「保育所は，（中略），保育に関する専門性を有する職員が，家庭との緊密な連携の下に，子どもの状況や発達過程を踏まえ，保育所における環境を通して，養護及び教育を一体的に行うことを特性としている」⇨1。

　「環境を通して」の保育という視点から掘り下げてみよう。現代の子どもはどのような環境のなかで生活しているのだろうか。

　図10-1のように，子どもをとりまく環境は物的なものや人的なものなどさまざまであり，それらが互いに関連し合い，環境を構成している。環境とは一般的に，そのものをとりまいている外界や

⇨1　5領域における領域「環境」のねらい
「①身近な環境に親しみ，自然と触れ合う中で様々な事象に興味や関心をもつ。②身近な環境に自分から関わり，発見を楽しんだり，考えたりし，それを生活に取り入れようとする。③身近な事象を見たり考えたり扱ったりする中で物の性質や数量，文字などに対する感覚を豊かにする。」

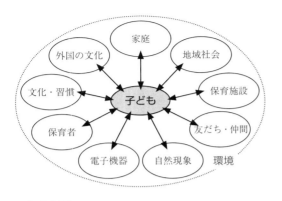

図 10-1　現代の子どもをとりまく環境

その状態を指す。環境を通して保育をするということは、保育者が、既存の環境を活かし、子どもの主体性や自主性を引き出したり、子どもと信頼関係を築きながら、豊かな環境を創造したりすることなのである。保育室内外にあるものを「ただそこに存在するもの」として見過ごすか、それを貴重な教育的資源としてとらえるかは保育者の力量次第である。

　子どもが新たな興味・関心の対象を見つけ、自分の意志で自発的・主体的に活動し、多くの新奇なことがらに挑戦していくために、保育者は自らの感性を研ぎ澄まし、子どもが発信するものを敏感にキャッチしていくことが大切である。ときには先回りをして、気づきの手助けをすることも必要である。子どもはどのようなことでも受け止め吸収する存在である。保育者は子どもに提供する環境としての「もの」を精選する必要があるといえよう。たとえば数字の「1」への関心はやがて数をかぞえる能力へ、そして1つの文字への関心は文字を読むという能力の獲得へと進み、広がり、深まっていくのである。保育者は子どもの好奇心や探究心をくすぐる豊かな環境を整える必要があるといえよう。

　同一の環境のなかにある複数の子どもを観察していると、子どもにより、また子どもの気分や興味・関心により、目のつけ所も、かかわり方も異なるということがわかる。子どもの興味・関心と保育者の環境構成が互いに行き来するなかで、遊びは発展していくのである（図 10-2）。

図 10-2　子どもと環境をつなぎ発展させる保育者

　さて、保育用語としての環境は、人的環境

と物的環境とに分けられる。人的環境は保育者や友だちや地域の人であり、物的環境は保育の場にある遊具や玩具、絵本や動植物などを指す。保育者は子どもをとりまく環境が発信するもの、たとえば、自然の語る声なき声、いわば光、風、土、水などが人間に伝える四季の変化、人間以外の多様な動植物の生態などを子どもに気づかせる仲介役を担っている。保育者が、遊び方や気づきへの具体的なかかわり方の可能性を提示することで、子どもは周囲の環境にかかわり、探索したり試行したりし、さまざまな気づきや発見をする。そして、子どもは環境から発信されるものを、子ども自身と周囲の環境の双方によい状態になるよう関係をもちはじめるのである。つまり、周囲の環境とかかわるなかで、思いやり、いたわり、他者への気遣いといった感情の芽生えが子どものうちに派生するのである。こうして人的環境や物的環境と積極的にかかわることで、環境への関心が広がり、それはやがて子どもが幼児期の自己中心性から抜け出し、自分以外の他なるものの存在を知り、考え方や感じ方の多様さに気づくこととつながるのである。こうした自分以外の多様な存在、そして多様な考えへの気づきは、やがて自分の国や文化だけでなく、他国や他の文化に対しても関心をもつようになる。心の柔軟な幼児期において他なるもの——自分を取り巻く環境——に目を向けさせることを通じて、ゆくゆくは国際平和を求める人材に育っていくのではないだろうか。平和とは単に戦争のない状態ではなく、それぞれの国家社会に属している人々が健康で幸福な生活を営んでいく状態のことである。自分を取り巻く環境に気づき、環境を愛し、環境とともに自他、双方にとってよりよい選択を考えられる日本人の育成へとつながるように、保育者の環境構成、環境を愛する教育へ向かう努力は続けられなければならないと考える。

2 愛情に満ちたかかわり

　たとえば，きれいな部屋で，真新しい最先端の保育教材や素材に囲まれていることが子どもにとって「よい環境」なのだろうか。どれほどきれいで整えられた保育室と教材が用意されていても，それらを活かす保育者がいなければ，そこは単なるモノが陳列された部屋にすぎない。単なるモノの陳列で終わらせないためには，保育室に存在するものそれぞれに，明確な意図やねらいをもたせ，それを活かすことが必要である。その役割を担うのが保育者なのである。

　適切な環境整備を行うためには，個々の子どもの現在の心身の発達過程を具体的に把握する必要がある。そのために，保育者には，子どもをしっかり観察するとともに，保育者自身の絶えざる自己研鑽が必要となってくる。子どもは信頼をおく保育者に見守られることで安心して過ごす。そうしたなかで，自発的に活動し，自分を取り巻く環境を意識するようになり，体験を通してさまざまな価値観を自身のなかに取り入れていくのである。

　さて，本来は家庭で親と築いた信頼関係をもとに，幼稚園や保育所で，保育者や友だちとの関係を広げていくことが望ましい。しかしながら，近年は家庭以外の場である保育施設で1日の大半を過ごす子どもが増えている➡2。そうなると，子どもは家庭以外の場での愛着（アタッチメント）形成が求められていることになる。アタッチメント➡3という概念については，イギリスの児童精神医学者のボウルビィ（Bowlby, J., 1907〜1990）が人生初期の1対1の母性的養育の大切さを説いたことで知られている。かつては家庭で十分になされていた母性的養育を，保育者が担う現代において，保育者が果たす役割は重い責任をもつといえる。

　それでは保育者を「安全基地」とした信頼関係は，どのように形成されるのだろうか。

➡2　厚生労働省が公表した統計によると，保育所を利用する児童数は2015（平成27）年は233万人で，前年比約6万4000人増。2011（平成23）年と比較すると，4年間で約20万8000人増加している。（厚生労働省「保育所等関連状況取りまとめ」（平成27年4月1日））。

➡3　アタッチメントとは，特定の相手に対する強い情緒的結びつきをさす。ボウルビィが依存に代わる用語として提唱。アタッチメントは血縁や世話ではなく，乳児と大人との相互作用のなかで形成されると考えられている。アタッチメントは，人間関係の基礎となり，「安全基地」として乳児が新しい世界に踏み出す拠り所となる。

10章　保育をとりまく環境

事例1　子どもに伝わった保育者の愛情（4歳児）

　年中トラブルの絶えないダイキ。その日も庭の隅でケイタと殴りあいのけんかをした。周りの子どもたちには「またけんかしてる。またダイキだ」という考えが広がってしまっている状態である。

　「先にダイキが蹴ってきた」ケイタが保育者に状況を細かく説明するのをダイキはじっと唇を噛んでうつむいたまま聞いている。ケイタの説明を聞くかぎりでは，明らかにダイキが不利な状況である。唇を噛みしめたままのダイキの顔には，悔しさがにじみ出ている。その様子が気になり，その場はひとまずダイキとケイタを離し，ダイキが話したくなるまで待つことにする。少し冷静になったダイキに「さっきはどうしたん？」と声をかけた保育者に，ダイキは「あのな……」と先のけんかの状況を話し始める。ダイキの話を聞くことで，ケイタの説明に抜けていたダイキの思いがわかり，双方の誤解が招いたけんかであったことがわかる。そこで，もう一度2人を呼び，双方にあらためて説明すると，お互い照れ笑い。自然と「ごめんね」の言葉が出る。

　口下手なダイキは，手が先に出ることが多く，トラブルが絶えない。トラブルの原因は，ダイキが「わかってほしい」という気持ちをうまく出せないことであった。それ以降はできる限り，これまでの「また，ダイキが」という先入観をもたずに，けんかをした双方の言い分をそれぞれのペースに合わせて聞くようにした。もちろん，危険な行為や明らかに理不尽な行為に対しては，厳しく注意し，そして，間違った行為に対しては，何が悪かったのかじっくり考える時間をつくった。しかし，その後も，毎日のようにダイキが関係するトラブルは続いた。

　ある日，ダイキがおもむろに「せんせい，いつもはなしきいてくれてありがとうな。あのな，せんせいのことすきやで」と小さな声で伝えてきた。

　絶え間ないトラブルで，思いをくみ取るようにはしていたものの，どうしても叱る場面の多かったダイキからの言葉である。ダイキには，保育者としての愛情がしっかりと伝わっていた。

そうして，あらためて保育者としての自分とダイキとのかかわりを見直し，危険のないいたずら程度のことは「いつも見てるよ」の視線を送り，じっと見守るようにした。暴力などよくない行為に対しては，きちんと向き合い注意を与えた。そのときに留意する点としては，子どもに対して，感情的に怒ることは避けなければならないということである。人間としてのダイキを否定するのではなく，間違った行為に対して注意し，理解を求めていかなければならない。ダイキを叱るのは，その注意を通して，彼がよりよく成長するのを信じられるからであり，それを心から期待してのことである。ときには，嫌われ役を買って出る必要もある。本当の愛情とは子どもに対して必要なときに，愛情をもって叱ることができるかによっても表されるのではないだろうか。教育の前提となる被教育者の心の受容，そして保育者と子どもとの信頼関係があれば，厳しさも愛情として受け入れられると思われる。

　子どもは，未熟な存在である。見通しが立てられないために失敗することが多いものである。どんなに意地を張って「ごめんなさい」が言えないときでも，子どもの心には本質的な欲求として「わかってほしい」という気持ちがある。失敗して叱られた行為に対しては，必ず挽回のチャンスを与え，できたら十分ほめるべきである。子どもは失敗してもいいんだということに気づき，認められることで誇りを取り戻す経験をしていく。周囲の大人への依存から自立に向かう子どもは，失敗を繰り返しながら，それを大人に温かく受容され見守られるなかで，育っていくのである。認め，ほめ，叱り，笑い，喜び合う。こうしたさまざまな感情を子どもと共有し，彼らを大きな愛で包み込むこと。保護者の大きな愛に包まれ安心できる環境のなかでこそ，子どもはすくすくと育つのである。

3 保育と児童文化財

■保育環境と児童文化財

幼児が主体的に環境にかかわり、イメージ豊かな生活を創造するために重要な役割を担うものに児童文化財がある。児童文化財との出会いによって、子どもの情緒の安定が図られ、言葉が育ち、保育者や仲間との生活は豊かになる。人格形成にも大きな影響を及ぼすのである。

児童文化財とは「子どもの健全な発達に深いかかわりをもつ、有形無形のもの、技術、活動などの総称。おとなが子どものために用意した文化財や、子どもが自分の生活をより楽しくするために創り出した文化財がある。広義には、子どもの生活における文化事象全般。一般にはより狭義に、遊び、お話、玩具、図書、紙芝居、人形劇、音楽、映画、テレビ、ビデオなどを指す」[4] と言われる。

保育の環境において児童文化財は、教材・教具として意図的・計画的に準備されるべきである。保育における児童文化財には、多様なとらえ方がある。ここでは次の3つに分類してみる。

[4] 森上史郎・柏女霊峰『保育用語辞典』ミネルヴァ書房, 2015。

---

①子ども自身が仲間と協同的に遊ぶ中で、想像する楽しさを味わうままごとや積み木等の伝統的な玩具と、テレビ等の視聴覚機器によって提供されるもの。
②保育者が演じたり、創ったり、話したりして手わたす素話や絵本、紙芝居、人形劇、ペープサート、パネルシアター等。子どもが最も興味関心をもち、子どもと他者とを繋ぐ役割を担う。
③保育者をはじめ大人から伝承される、手遊び、わらべうた、ことば遊び、リズムダンス、楽器遊び等。

児童文化財は、保育内容として豊かな実践を紡いでいく際に欠か

せない資源である。その中から、劇遊び、絵本、素話を取り上げて、考えてみることにしよう。

　さまざまな児童文化財との出会いによって内在化された言葉や知識を使って子どもが自分の生活をより楽しくするために創り出していく劇遊びの事例を紹介する。この幼稚園では、環境として準備されたドレスやエプロン等のコスチュームを遊びの中で取り込み、子どもたちはお姫様やパティシエになりきり、生活を再現して楽しんでいる。言葉や動作でさまざまな表現を楽しむことも日常的である。また段ボール、積み木、その他の素材を使って仲間とイメージを共有してお家ごっこなどが展開されている。

事例2　仲間とのかかわりを広げる劇遊び（1年保育5歳児）

　主体的に環境とかかわり、日常的に「ごっこ遊び」や「劇遊び」に取り組む子が多いクラスで、ケンはそれに関心を持たない子であった。

　3学期、生活発表会についての話し合いで、これまでやってきた劇遊びをいくつか発表したいという意見が出た。「おおかみと7ひきのこやぎ」を取り入れることに決まった。それまでの劇遊びでは、子どもたちがその時々でなりたい役を演じて楽しんでいた。しかし、発表会という共通の目的で取り組むにあたり、小学校の学芸会を鑑賞後、固定した配役でなければならないことに気づき、みんなでキャストを決めることになった。保育者はどのように決めるか、子どもたちに任せることにした。「一番下の子やぎはケンちゃんがいい」活発なミユキの意見にみんなが賛成した。保育者はおっとりのケンは大丈夫かと気になったが、本人の照れたような表情には異論はなさそうであった。お母さんやぎは意欲的な子が多く決まらない。保育者がオーディションを提案し、やりたい子が母やぎの台詞を言って「誰が一番お母さんらしいか」みんなで決めることに。保育者は仲間の推薦によって大役を引き受けたケンのことが心配であった。しかし、その後のケンの様子に保育者の懸念は徒労であったことに気づいた。彼は自分なりに台詞を考え、他児の動きに合わせながら生き生きと取り組んでいた。「ケ

10章　保育をとりまく環境

> ンちゃん，かわいいね」等と，他児からの評価も高い。選ばれた喜びや引き受けた責任感，みんなと一緒に取り組む等，仲間との信頼関係に支えられ促されることで，ケンの多面的な育ちやクラスの絆がみられた。
> 　子やぎが隠れる時計にも，ケン自身が段ボール箱を準備する等，他児と相談し合っている。

　劇遊びは子どもたちが，衣装や材料などの環境に触発された「なりきり遊び」や「ごっこ遊び」からのさらなる広がりである。子どもたちの素朴な遊びに，保育者が応答的にかかわり，想像力を膨らませるような児童文化財を環境に含ませる。すると，子どもは主体的にかかわり，工夫して小道具などを作り，仲間と対話し，より楽しくなるために思考する。それは，アクティブ・ラーニングであり，全体的・総合的な育ちが期待できる。石井は「保育の中の児童文化とは，児童文化が『子どもの生活や遊びのすべて』であることを前提」とし，保育者が，「児童文化について子どもが主体的にかかわる環境として保育の営みの中に常に存在しているという視点を持ちながら実践することが求められます」5 と述べている。劇遊び等，子どもが楽しく作り出す文化は，体験を豊かにする環境や受け止める保育者の感性が要求される。

5　中坪史典編著『児童文化が開く豊かな保育実践』保育出版社，2009。

4　言葉環境としての絵本・素話

■心を育て，言葉を育て，他者とのつながりを作る絵本

　幼稚園教育要領，保育所保育指針，幼保連携型認定こども園教育・保育要領の領域「言葉」において，「絵本や物語などに親しみ，言葉に対する感覚を豊かにし，先生や友達と心を通わせる」とある。絵本は子どもと保育者，子ども同士を結ぶ大切な環境であり，子どもの成長に大きな役割を果たす。絵本には，絵と文章で綴られる物

語の世界や，昆虫・動物・自然・乗り物など知的好奇心を満足させる図鑑等がある。仲間と一緒に見ることで物語や知識の世界を共有し，共通の遊びのヒントになる。1人でゆっくり見るものや，仲間と一緒に話し合いながら見る絵本，保育者に読んでもらう絵本等がある。

　絵本を選択する際は，保育者が思いを込め，伝えたいメッセージや共有したいイメージ等を考慮する。子どもの「今の生活」に適した内容，子どもの興味や関心に基づいて，取り上げられるべきである。保育者によって手渡される絵本との出会いは子どもの心に響く。読み手である保育者や仲間と心が通い合い，イメージが共有され，集団で聞く楽しさを味わう。また，読んでもらう楽しさは，読書への導きとなり，将来の読書の基ともなる。子どもたちは，絵本に出てきた擬態語や擬音語，言葉のリズムを楽しみ，遊びや生活の中に取り入れる。絵本のキャラクターや物語に触発され，絵画や製作への意欲もかきたてられる。さらに，ごっこ遊びや劇遊びへと発展し，豊かな体験へつながることもある。

　保育者に絵本を読んでもらうときの子どもは，受け身で聞いているのではなく，時にドキドキワクワクしながら，時にしっとりと自らの思いを重ねつつ聞き，見ている。聞いた言葉や絵を主体的に受け止め，自分の中に取り込み，思考を重ね，積極的に物語の世界へ参加しながら想像を巡らす。

　子どもたちは，心を揺さぶられる本に出会ったとき，自分で手に取って見たいと思うだろう。その欲求が実現できるように絵本コーナーを設置したい。保育室の絵本コーナーは，子どもたちの興味や関心に合わせ，見開きにしたり，表紙全体がわかるように置く等配慮したい。出入り口や廊下側などは避け，じっくり落ち着いて見ることができる場所に設営してあげたい。そこは本を見ながら自身をリセットできる空間になり，心の拠り所にもなるはずである。

10章　保育をとりまく環境

■「絵本の部屋」のある環境

保育室の絵本コーナーのほかに「絵本の部屋」を設けることも，子どもたちの「本を見る楽しみ」を増幅し，絵本経験を豊かにする。書架は，子どもたちがわかりやすいように分類し整理する。また，温かい雰囲気を醸し出す畳やカーペット，座布団などを用いるとよい。円形のテーブルや長椅子などは語り合いながら見ることができ，仲間とのつながりをつくる。保育室とは一味違う環境の中で，子どもたちは絵本の世界を満喫する。さらに「もっと見たい」子には貸し出しを行う。

図10-3　絵本に見入る子どもたち

事例3　絵本の部屋の情景から（5歳児）

アキがとりだした科学絵本『しっぽのはたらき』に見入っている。横からユウキがのぞく。語るわけではないが，一緒に見ている。見終わったアキが「これ，かりようっと」と立ち上がった。ユウキは「おもしろいな，ぼく，つぎかりよう」とつぶやく。

翌日，登園早々絵本の部屋に訪れたユウキ。「先生！　アキ，かえしてくれていた？　かりたいんだけど」。

本の楽しみが持続し，次なる目標もみられる（図10-3）。

事例4　絵本がつなぐ親子の絆（幼稚園5歳児）

「先生，昨日借りた『こねこがうまれるよ』って本，おとうさんもおかあさんも，『おもしろい，おもしろい』って。『もっと見たい』って。『今返すな』って言うから，もう少し待ってね」

> 一冊の本が親子で共有され，園と家庭をつなぐ役割もする。

■言葉環境としての素話

　絵本や紙芝居など目に見えるものもさることながら，保育者が何も持たず身振り手振りを加えながら語る「素話」は，子どもの好奇心をかきたて空想の世界に誘(いざな)う。目に見えないものを自分の中で紡いでいく営みは楽しいだけでなく，保育者と子ども，子ども同士が対話し，共感し合う体験となる。素話は語り手である保育者の感性が伝わり，環境の中から保育者が編んでいくものである。

　素話はさまざまな国内外の童話や伝説などのほかにも，保育者によって創られる物語があり，子どもの「今の生活」や興味・関心に視点をおいたものとして，子どもに容易に受け入れられ共感される。

　保育者自身もお話を子どもと共に楽しもうと心掛けると，その想いが子どもたちにも伝わる。子どもはお話を聞いているだけでなく，保育者との心の触れ合いを喜んでいる。保育者の感性と子どもの感性とがつながり，想像する楽しさを味わっている。

事例5　「ぴょこたん，ぴょこたんおもしろかったね！」
　　　全園児で保育者の創作素話を聞く（5歳児）

　ホールに集まり，保育者が子どもたちに次のような創作素話を語った。
「昨日ね，先生がお散歩をしていると，あひるさんがおしりを振りながら並んで歩いているのよ。そうっと見ているとね，近くのあひるの学校から出てくるみたい。1列に並んでね，『ぴょこたん，ぴょこたん』，1番前のあひるさんに2番目のあひるさんが『あなた，歩き方がおかしいわよ，足をぺったんして，おしりをふりながらぴょこたん，ぴょこたん，変よ，もっとまっすぐ歩けないの？　おほほほ』と言い笑いました。それを聞いた3番目のあひるさんが『あーら，あなただってぴょこたん，

> ぴょこたん，おしりをふってるわよ。うふふふ……』と笑いました。そしたら4番目のあひるさんも『きみだって，ぴょこたん，ぴょこたんだよ，がっふぁふぁ……』と笑いました。みんな笑って，笑ってぴょこたん歩きしていると，近くの牧場から仔牛さんがやってきて『ぴょこたん，ぴょこたん散歩かい？ 僕も仲間に入れてくれよ』といって仲間に入り，『ぴょこたん，ぴょこたん，どしんどしん』と散歩が続いていきました。しばらく行くと仔牛さんが『わあおぅ』と大きなあくびをしたので，あひるさんたちはびっくりして，羽根を広げてあひるさんの学校にとんでいってしまいました」
>
> 聞き終わった後，ワタルが「ぴょこたん，ぴょこたんおもしろかったね」とケイに言いつつ，おしりを振って歩くまねをした。見ていた子どもたちも，笑いながら，ぴょこたん，ぴょこたんと表現し合っていた。

　仲間とともに，保育者の話を楽しんだ子どもたちの即座の表現である。ぴょこたん，ぴょこたんという擬態語が子どもたちの興味や関心をひいて，表現遊びが展開された。

　子どもたちはあひるを見たことがないと言う。しかし，これまでの生活で出会った写真や絵本等から得たイメージがすでに内在化されており，擬態語によって豊かに表現する力となって表出したと考えられる。絵が好きな子どもは絵で，歌が好きな子どもは歌で表現しようとするだろう。そんな自分なりに表現していく様子をとらえ，保育者が共感し認めていくことで，子どもは総合的に育つのである。

5 児童文化財の今日的意義

　社会情勢の急激な変化は子どもの生活に大きく影響している。家庭等での子ども向けの文化（玩具）はすべて商品化され，それにかかわって遊べる子どもを賢いと評価する傾向がある。

　消費的な遊び▶6 には，具体性，創造性，人間関係性，生活性と

▶6　1章を参照。

いう幼児期にふさわしい生活を構成する諸要素が欠落していると言われている。このことに気づかない大人はたくさんいる。都市化現象によって遊び場をなくし，少子化によって友だちと疎遠になった子どもは，コンピュータやテレビゲーム等，お金を払って既製品で遊ぶ，1人で遊ぶ，室内で遊ぶようになってきている。

　子どもが子どもらしい生活を享受することを奪い去った近年，子どもの情緒の育ちに必要な体験を保障する児童文化財を，乳幼児期に重要かつ不可欠な環境として，保育の中に取り入れていくべきである。児童文化財が保育環境として活かされるとき，子どものあらゆる側面の育ちに作用するのである。

　幼児期の教育は「根を育てる」と言われる。美しい花が咲くためには，良く耕された豊かな土壌と肥料がいる。豊かな土壌は園環境全体であり，児童文化財は肥料であるとすると，保育者は心を込め，愛を込めて肥料をつぎ足す役割を担う。児童文化財の選択においては，保育者自身の感受性が大切であることを付言しておきたい。

参考文献
岡本夏木『子どもとことば』岩波書店，1982
高杉自子著，子どもと保育総合研究所編『子どもとともにある保育の原点』ミネルヴァ書房，2006

11章 子どもが幸せになるクラス経営

1 個と集団のバランスをとる

　幼稚園は集団生活を行う「育ち合い」の場である。

　幼児は，教師との信頼関係に支えられ，クラスをよりどころに友だちとかかわり，多様な直接的・具体的な体験や感動体験を通して育っていく。そこで繰り広げられる保育とは，「その子らしさ」が輝きを放ち，幼児自らが保育者と共に生活を織り成す，きわめて創造的な営みである➡1。

　保育者は「その子らしさ」と「育ち合い」を支えていく存在である。日々の保育のなかで，個人・グループ・クラス全体と，多様な活動形態を組み合わせ，総合的な遊びを展開するよう援助の工夫をしている。そこには，個の育ちとクラス集団の育ちを，遊びを通して連動させる（つなげる）（つながる）教育的な配慮が必要である➡2。

■ 1人ひとりを大切にする

　保育者は，「その子らしさ」を輝かせ「育ち合う」ため，クラス経営における3つの保育方法に配慮する必要がある。

　1点めは，幼児の発達を見通した，特性に応じた柔軟な対応である。個人差を重視した「1人ひとりを大切にする」援助である➡3。

➡1 神長美津子「一人一人に応じた決め細やかな指導」『幼稚園じほう』6月号特集，全国国公立幼稚園長会，2002。

➡2 幼稚園教育要領 第1章「総則」第4「指導計画の作成と幼児理解に基づいた評価」3「指導計画の作成上の留意事項」(8)。

➡3 保育所保育指針 第1章「総則」1「保育所保育に関する基本原則」(3)「保育の方法」ウ「子どもの発達について理解し，一人一人の発達過程に応じて保育すること。その際，子どもの個人差に十分配慮すること」。

事例1　友だちになれるといいね（幼稚園・4歳児入園当初）

　ある年の4月上旬，2年保育の4歳児クラスでの出来事である。保育者

が「お隣の友だちと手をつなぎましょう」と声を掛けると,「お隣の子は友だちじゃないもん」と泣きべそをかくミオの姿があった。なんとも心細く頼りなげな面もちで,身体を固めうつむいている。一人っ子のミオは,昨日までお母さんの穏やかで温かな懐（ふところ）という内海で,悠々と小舟に乗って暮らしていた。ところが,幼稚園という大海に1人で船出して大嵐にあったような,そんな状態に置かれたわけである。保育者は身をかがめ,そっとミオの肩に手を置き「そうだよね。会ったばかりですものね。ミオちゃんのお隣は,チカちゃんって言うのよ。友だちになれるといいね」と声をかけた。隣にもミオと同じように小舟を漕（こ）いでいるチカの存在があることを伝えたのである。保育者に不安な気持ちを受け止められたからか,ミオの表情がほんの少しやわらぎ,ちらっとチカを見た後,涙が止まった。

入園間もない時期には,クラスに"自分の身を置く"ということで,精一杯な幼児が何人もいる。事例1は,ミオのなかに初めて,自分ではない「他者」という存在がいることに「気づき」,隣の幼児を意識した瞬間であった。幼児と向き合い,強張（こわば）った心を解きほぐしていくことから保育ははじまる。

このように,1人ずつの情緒の安定を図るために,1対1のかかわりを焦らず丁寧に繰り返し行うこと,これが入園当初の担任に要求される大切な援助である。

■ **個性を認め活かし合う**

しばらくすると,クラスの雰囲気にも慣れ,幼児は,少しずつ自分らしさを表しはじめる。個々のよさや特性がクラスの友だちに理解されるようになるとクラスのなか,次第に自己表現ができてくる。2点目に,クラス集団作りの過程として子ども相互の関係作りや他者を自覚する心を育む保育内容の精選が必要である▶4。

集団のなかで友だちと遊びのイメージやリズムの共有を図り「やりたい遊び」を思う存分行うことができる状況の設定が必要になる。

▶4 幼稚園教育要領第2章「ねらい及び内容」「人間関係」3「内容の取扱い」(2)。保育所保育指針第2章「保育の内容」3「3歳以上児の保育に関わるねらい及び内容」(2)「ねらい及び内容」イ「人間関係」(ウ)「内容の取扱い」②。幼保連携型認定こども園教育・保育要領第2章「ねらい及び内容並びに配慮事項」第3「満3歳以上の園児の教育及び保育に関するねらい及び内容」「人間関係」3「内容の取扱い」(2)参照。

事例2 虫のことならケンくんに聞こう（幼稚園・4歳児5月頃）

　図鑑を見るのが大好きな4歳児のケンは，椅子に座っているとすぐにお尻をムズムズさせて，居心地悪そうに動き出す。絵本棚から絵本を取り出し読みはじめる。クラスの幼児が歌を歌ったり，律動をしたりしている気配を感じつつ自分は絵本から目を離さなかった。ジャンケンに負けると悔し泣きをして，気持ちの切り替えに手間どることもあった。この姿を見て，保育者はケンの興味・関心がどこにあるのかを，探ることとした。好きな図鑑の種類，周囲の幼児への関心度，遊びの集中時間，友だちや保育者への依存性と自立性の程度等を把握するのである。さまざまな角度から，ケンがクラスのなかで活きるために，ケンに関する情報を収集し行為の意味を見きわめていった。集団づくりの基本は，個々の幼児の発達に即した，保育者のきめ細やかな配慮と，教育的意図性をもったかかわりである。

　クラスで虫取りが盛んに行われるようになったある日。タクは，名前のわからない不思議な色の虫を見つけ，保育者に知らせに来た。ケンが光るチャンスである。「何だろうねぇ。ケンくんなら知っているかもしれないよ」とケンの出番をつくった。タクは，「ケンくん来て！　来て！　この虫何かわかる？」と，ケンを呼ぶ。「これは，タマムシだと思う。背中が虹色に光っているでしょ」「本当だ，光っている」「ケンくんは，虫のことを何でも知っている"虫博士"だね」。その日を境に，ケンの活躍の場が増えていった。「虫のことでわからないことがあったら，ケンくんに聞こう」クラスの幼児が，ケンの存在を認めはじめた。恐竜・動物・植物と興味の範疇（はんちゅう）を広げたケンは，遊びのなかで自己発揮しはじめた。5歳児になると，一斉保育のジャンケン遊びでも，友だちに注目されているという意識が働きだし，負けてもグッとこらえる場面が出てきた。友だちに認められる経験を重ねるなかで，ケンのポジションがクラスのなかで明確になり，友だちが見ているということがケンの自制心（抑制力）を育てていった。保育者は，この変化を見逃さず，ケンのがんばりをクラスの幼児に伝え共に認め，育ちを喜び合った。

保育者には，得意なことが発揮される保育場面と，苦手なことが克服される保育の機会を織り込んでいく配慮が求められる。

■ **グループのなかで協調性を育む**

幼児の発達は行きつ戻りつしながら，螺旋(らせん)的に伸びていく。

> **事例❸** 友だちとつながっていくリレー遊び（幼稚園・5歳児9月頃）
>
> 　かけっこが大好きなケンは，9月に入るとリレー遊びに興味を示した。遊びはじめた当初は，自分のチームが最後になると，バトンをほうり投げ，膝を抱えて負けたことを悔しがっていた。これは一見，後退したかのように見える姿であるが，次への成長への溜めの時期である。チームワークの大切さをケンに気付かせていく絶好の機会であった。リレー遊びは，個人の育ちとともにグループ意識の育ちを助長する遊びである。1人でがんばっても勝てない。友だちと作戦を立て，走る順番を決める，走り方を友だちにも教え一緒に走ってみる，がんばろうと励ます，バトンの渡し方を工夫してみるなど，日々の遊びのなかで友だちと試行錯誤を繰り返すことでチームとしての和ができていく。チーム全員で気持ちを合わせ，同じ目標に向かって進むことの大切さを感じとらせることができる。グループのなかで互いに影響を及ぼしあう協調性と，ケンのように他者を自覚して自己抑制することを学ぶ個の育ちを保障していくことのできる保育内容といえる。ケンは，友だちに早く走るコツを伴走しながら教えたり，バトンタッチを繰り返し行い友だちとタイミングを合わせたりするなかで，友だちを認めること，自分の気持ちを抑えることを学んでいった。リレー遊びを通して，友だちとの信頼関係が深まり，つながりを強くすることとなった。

　このように，個としての育ちと個を取り巻くグループとしての協調性が取れ始め，バランスを保ちだした。

■自己発揮を促す協働的な経験

　就学に向け5歳児後半になると、幼児は遊びの過程で、友だちへの配慮をしながらお互いに協力して創意工夫し1つの遊びを創り上げていく。3点目は、「その子らしさ」を尊重し、「1人ひとりが違っていい」という認識の下で、協同的な遊びの支援を行うことである➡5。

⇨5　幼稚園教育要領第1章「総則」第2「幼稚園教育において育みたい資質・能力及び『幼児期の終わりまでに育ってほしい姿』」3(3)「協同性」

事例4　クラスみんなで創り上げた『エルマーのぼうけん』
　　　（幼稚園・5歳児1月頃）

　前述のケンのクラスでは、『エルマーのぼうけん』のお話が大好きで、登場人物になって毎日園庭・保育室を駆け回っていた。エルマーたち（登場人物になりたい幼児が何人いてもいいというルールがあるので、複数の"たち"である）がライオンたちと出会ってしまった場面でのことである。ライオンになったケンたちは、エルマーの道を阻(はば)むため、恐ろしい形相(ぎょうそう)・威嚇(いかく)で本当にエルマーたちを怯えさせ、ついには泣かせてしまった。エルマーたちは、この場面で2日間も立ち往生し、身動き取れずにいた。保育者は、この難所でどう援助したらいいか、当初戸惑っていた。
　しかし、双方がそれぞれ真剣で一歩も譲らない姿に、大人の世界の表面的な方法を安易な解決策として提示しては、このお話を採った意味（教材観）がないと保育者は考えた。それぞれの幼児の"その子らしさ"が発揮されることを信じ、その行方(ゆくえ)をじっと見守ることとした。エルマーはりゅうを助けに行くという目的を忘れることなく、3日め、とうとうこの恐ろしいライオンたちに知恵比べという方法をもちかけ、用意したクイズを行ってライオンに勝った。保育者は、悔しがっているライオンたちの隙を見つけて「エルマー今よ！」と声をかけ、ライオンをかわすタイミングを伝えた。エルマーたちは、はっとわれに返り一瞬で道をすり抜けた。この作戦には、ライオンのケンたちも同意した。その後、ライオンの道ではライオンは威嚇をして道を阻むが、勇気を出して知恵比べクイズを切り出すエルマーの要請には応じるというルールができた。

これが，5歳児の就学前の幼児の発達である。ひとつのお話を学級全体で楽しむには，それぞれの役割を"その子らしく"発揮し，それぞれの立場や個性の違いを認めていく。相手の思いをくみ取る配慮をしながら，互いが真剣に遊びつつも思いの摺り合わせを行い，遊びを創造していく。まさに，協働的な遊びの展開である。

　この事例が示すように，保育は「個の充実」と「集団の充実」の双方を目指すものである。お互いのよさの認め合いが集団としての育ちをもたらし，集団の力が，結果として，個々の考えや行動力を高めるのである。こうした育ち合いを支えるのは，1人ひとりの"その子らしさ"を把握したうえで，じっくりと保育の行方を見定め，タイミングよく，その場に応じた援助を行うことができる保育者の存在である。僕の思いをわかってくれる先生がいて，私の考えを躊躇せず，みんなに伝えられる響き合うクラス集団が望ましい。そうしたクラス集団のなかで，幼児は満足感・幸福感をもちながら，充実した幼稚園生活を送ることができるのである。

　さて，次節では，子どもが幸せになるクラス経営をするために，保育者が留意する重要な観点として，各保育施設が掲げる教育（保育）目標について述べていきたい。

参照。保育所保育指針第1章「総則」4「幼児教育を行う施設として共有すべき事項」(2) ウ参照。
幼保連携型認定こども園教育・保育要領第1章「総則」第1「幼保連携型認定こども園における教育及び保育の基本及び目標等」3 (3) ウ参照。

2　園の目標を理解しながら保育する

　教育目標とは，幼稚園の独自性を大切にしながら，幼稚園が目指す子どもの姿を明確に提示したものである。「豊かな情操」「心身の成長」「たくましさ」「生活習慣」「個性」「感性」などを重視した目標が多く，幼稚園の教育カリキュラムの要として位置づけられている➡6。時の移り変わりや社会状況の変化で，微妙な変化があったとしても，基本的には大きく変わらず家庭や地域の教育力・小学校以降の子どもたちの実態にも目を向けて園の目標は立てられている。

➡6　松井とし・福元真由美『幼児教育課程総論──豊かな保育実践を構想するために』樹村房，2011。

「明るく元気な幼児」を目指していても、幼児の実態には地域性があり、教育の目標は各園で違ってくるものである。

たとえば、人の話はじっと聞けるが、体力のない幼児が多く見かけられる園では、「元気潑剌(はつらつ)」が促される目標があげられ、日々の保育のなかに活発さを引き出す運動的な内容が豊富に盛り込まれる。また、エネルギーの発散は上手だが、人の話が落ち着いて聞きにくい幼児の実態が見られたなら、絵本の読み聞かせや話し合い活動を取り入れて、「聞く・聴く」ことを重視した目標があがってくる。このように、幼稚園の目標を達成するには、目標の意図する幼児の姿を理解し、そこからうかがえる教育方針を自分なりに吟味し具体化しないことには、日々の保育の方向性を見失うことになる。

幼稚園が目指す目標は、人格形成の基盤を育成することであるが、上述したように、各園の幼児の実態を基に教育方針が検討される。保育者は、幼児の実態・教育理念に基づいた保育の羅針盤（教育目標）を頼りに、幼稚園の組織の一員という自覚をもって教育課程・保育計画の編成に携わっていくことが求められる。

3 クラスの目標

保育者は、4月にクラスを担任したとき、どんな幼児がクラスのなかにいるのか、幼児の実態をできるだけ早く把握することを心がけている。入園前の未就園児親子教室での様子を担当の保育者に聞く、一日保育の記録に目を通す、健康調査票を確認する、園庭開放時の様子を事前把握しておく等、情報収集にも励んでいる。

なぜ、早急に実態を把握するのか。それは、入園準備の段階や未就園保育の時点から、幼稚園がはじまっており、入園後の保育は、1日たりとも待ってくれないからである。園児は「今を、生きている」存在であり、成長し、変化し続ける存在だからである [7]。

保育者は、幼稚園の方針と目の前にいるクラスの幼児の個性・特

[7] 田中亨胤『幼児教育カリキュラムの研究』日本教育研究センター、1994。

性・興味関心のあり方を考慮して、クラス目標を立てる。

クラス目標は、そのクラスの実態に応じたものであるが、一方で実態を受け止め目標を決定する保育者側の保育観や感性・経験年数（ライフステージ）・専門性によって、その内容にはオリジナリティが出てくるものである。

各クラスの目標は1年間でどんな幼児に育てたいかを保育者が明確にし、保育を展開するうえで常日頃から意識化して保育内容を組み立てていくための指針である。どんな幼児に育ってほしいのかを具体的に表記すると、「やってみよう」と試みる子、「どうしたの」と思いやる子、「いっしょにしようよ」と力を合わせる子、「よかったね」と喜び合える子と、幼児像がはっきりする。

自分のクラスで展開する保育内容は保育者の保育観や、幼児の見方、保育に対する熱心な探求心・研究心に大きく左右される。たとえば、幼稚園の教育方針のなかに、環境を通して保育を行うことを重視した項目が入っていた場合、その項目を具現化する際、保育者の独自性が光ったそのクラスならではの保育計画を立てることとなる。虫の好きな幼児が多いクラスの場合や、気になる幼児と他の幼児をつなげる教材が虫である場合、とくに虫とかかわる保育内容を意識して取り入れることになる。経験年数のある保育者のクラスでは、地域散歩に出かけた際に、用水路に浮かんでいた空き缶を幼児が見つけたことを取り上げ、環境問題という観点で年間をスパンにした長期的な保育展開を行い、幼児とともに考えるといったこともある。

保育者の独自性や力量、保育者の保育に対する特性が発揮されるのが、クラス目標であり保育内容である。

4 全教職員、そして保育者間の連携

かつて、クラスのことは、クラス担任が1人で責任をもって見る

「学級王国」といった時代があった。しかし，実際にはクラス目標を立てて保育実践を行っても，クラス経営がいつもうまくいくとは限らない。保育者1人の目で30人から35人の幼児を見ることには，限界もある。

幼稚園のなかで，担任以外に「自分のことがわかってもらえそうだ」と感じる教職員が存在することは，園児にとって安心材料となる。

幼稚園のさまざまな場所で遊んでいる園児に，園長や副園長，主任がかかわることもある。体調が思わしくないときに養護教諭がやさしく接してくれることもある。保育環境を準備する際に，用務の職員が助けてくれる場面もある。このように元気な自分・繊細な自分・おおらかな自分・頼りなげな自分と，多様な角度の自分を受け止めてくれる多くの大人がいることが，園児にとって心の安定につながる。

若い保育者は，ベテラン保育者の様子から，常に学ぶ姿勢をもつことが必要である。それは，園児1人ひとりを丸ごと受け止め，幼児のよさや可能性を見出し，ありのままを受け入れる先輩保育者の姿である▶8。青木久子は，「専門性こそ，言葉による概念では獲得し得ない身体能力であり，直観や本能に支えられて磨かれる経験の成熟である」と言っている▶9。ちょっとした間の取り方，余裕のある穏やかな言葉かけ，タイミングのいい受け止め，ふと送る子どもへの微笑み，子どもはこの居心地のよさにすべてを委ねる気持ちになるのである。これらは長年，保育者として子どもと共に暮らして培ってきた勘のよさのようなものであり，この醸し出す雰囲気は，子どもの心をしっかり摑んで離さない。若い保育者がどんなに真似をしても，一朝一夕にうまくはいかないが，共に保育活動を展開するなかで，先輩の保育者と保育の点検や省察を行い，教えを請う機会を自らが進んでもつことである。さて，ここで事例を紹介しよう。

▶8 大塚忠剛『幼年期教育の理論と実際』北大路書房，1998。

▶9 青木久子「専門職としての私」『幼稚園じほう』8月号特集，全国国公立幼稚園長会，2010。

事例 5-1 ぼくが見つけたカエル，連れて帰る
（幼稚園・5歳児6月頃）

　6月，自然の営みを伝え生命の尊さに気づかせたいと考え，幼稚園の裏山「わんぱくの森」に，5歳児を連れて行った。
　「わぁ大きなカエル見つけたよ！」というヒロシの声に，森や小道を転がるように駆け下りてきた子どもたち。「すごーい！　大きい！」「ウシガエルみたい」「いやウシガエルとは違う，調べてみないとわからないけれど」「見せて触らせて」とクラスは大興奮状態となった。「へぇカエルって冷たいねぇ」「ブニュブニュしていて柔らかい。背中はデコボコやねぇ」「目閉じて寝ているの？」「死んだふりしているのと違う」「あっおしっこした！」カエルは，勢いよく，ヒロシが持ち上げた状態のままでおしっこをした。「ジャージャー出たねぇ」カエルとの出会い，大きさ・手触り・おしっこの音は五感に働きかけられ感動体験となった。あまりの嬉しさに「連れて帰りたい！」「連れて帰ろうよー」とヒロシとタカシが言い出す。保育者は，困ってしまった。「いいの？　この森のものは森に返す約束ではなかったっけ？」「でも，ぼくが見つけたカエルやで，絶対に連れて帰る」怒りにも似た強い口調でヒロシが言った。

▶10 幼稚園教育要領第1章第4-3-(2)，幼保連携型認定こども園教育・保育要領第1章第2-2-(3)-ウより抜粋。
「幼児の発達に即して主体的・対話的で深い学びが実現するようにするとともに，心が動かされる体験が次の活動を生み出すことを考慮し，

　ヒロシやタカシのはやる思いはわかる。しかし，自然界の生き物は自然に戻してやることが望ましいのではないだろうか。それとも，しばらくでも子どもが納得するまで飼育するほうが，彼らの思いを受け入れる援助なのだろうか。保育者が思いあぐねていると，隣のクラスの保育者が隣にきて，「みんなを集めて話し合ってみたら」と手を差し延べた▶10。隣のクラスの保育者は，ベテランの保育者だった。経験の多い保育者は，毎日の保育のなかで幼児の気持ちや思いの変化について，友だち間の仲間関係について等，幅広い側面を，「経験知」をもって直感的に読み取り判断することができる。その幼児にとっての行為の意味を感じ，一番大切にすべきことを幼

児の立場に立ち，発達に必要な経験を「臨床知」として直観できる。

> **事例 5-2** カエルさんにも家族がいるのと違うかなぁ
> （幼稚園・5歳児6月頃）
>
> 　保育者はさっそくクラス全員を森のひろばに集め，この大きなカエルを連れて帰るかどうか話し合うことにした。園長もやって来て，そっと輪の後ろで話を聞いている。ヒロシとタカシの勢いは止まらない。普段は自分の思いを全体の場で話すことに戸惑いのあったヒロミが何やらつぶやいている。園長は，それをすかさず聞き取り，保育者に「この子」とそっと指し合図を送った。保育者は「ヒロミちゃんはどう思う」と尋ねた。小さな声でヒロミが「カエルさんにも，家族がいるのと違うかなぁ」と言った。「そうや，お父さんやお母さんが心配しているかもしれない」と，今までヒロシたちに圧倒されていた周りの子どもたちがしゃべり始めた。「そんなことない。大きいカエルやからお父さんなんかいないわ」と言い返すと，ユタカが，「このカエルがお父さんガエルで，子どもが待っているかもしれないよ」と返した。続けて「そうや，家族が待っているかも」と何人もの子どもたちが言い出した。「ヒロシ君にもタカシ君にも大好きな家族がいるよねぇ。ヒロミちゃんの言う通りきっと，このカエルにも大切な家族がいて，帰ってこないと心配すると思うよ。どうする」と保育者が投げかけると，しばらく考えていた2人であったが，「もういいわ，帰してあげる。でも，せっかく見つけたのに」と，納得したわけではなかったが，元いた場所に帰しにいった。

　保育終了後，カエルの一件が職員室の話題となった。ルールは年少児から尊重すべきか，子どもの思いを尊重すべきか，とっさの判断がつかず隣の保育者に助言してもらったことで，子どもの気持ちに少しでも寄り添う解決となったことが嬉しかったと保育者は話した。ベテランの保育者は，幼児理解や保育内容・学級経営・保護者対応等について，若い保育者が悩みを打ち明けてきたとき，温かくふところ深い姿勢で受け止めていくことが必要である。

「一つ一つの体験が相互に結び付き，幼稚園生活（幼保連携型認定こども園の生活）が充実するようにすること」。

保育者の保育に関する戸惑いを聞き，隣のクラスの保育者は，先にルールありきではなく，子どもとの生活のなかで必然性のあるルールが生まれてくる。まずは，子どもの心に寄り添いクラスでそのことについてじっくりと話し合うことが必要だと答えた。つまり，保育は，カエルを帰す・帰さないという結果に意味があるのではなく，その行為の奥にある何を大切にするかを子どもたちと導き出していく過程に価値があり，その道程如何（いかん）では，帰しても，帰さなくても，そのこと自体は大きな意味をもたないということである。
　園長も話題に参加し，ヒロミへのかかわりについて助言した。
　保育者と園長との連携がうまくいき，普段引っ込み思案だったヒロミの意見が，周囲の子どもに受け入れられた場面について，園長のなかには「ヒロミが自分に自信をもつきっかけになってくれれば」という気持ちがあり，今後もヒロミには今日のような背中を押してやる場面をつくることが必要であると話した。子ども1人ひとりの発達への支援という視点からの助言であった。こうして，職員間で1日の保育の点検や省察を話し合うなかで，保育者は次への課題を見つけ出すのである。ヒロミのように自分を発揮できにくい子どもに，保育のなかで自信をつけさせる機会を意識してつくること。カエルを帰したヒロシやタカシの気持ちを受け止めて，カエルの様子をまた，見に行く機会をもち，森で生きる意味を学ぶ場をもつこと。こんな課題をその日の話のなかから保育者は摑んだのである。

事例 5-3　カエルさんは森を守る神様だったんだ（幼稚園・5歳児7月頃）

　子どもたちを次に森に連れて行った日，奇跡のような自然界の営みが待っていた。森には，子どもたちが「王様の木」と名づけた森一番の大きな木がある。7月上旬に大雨が数日降り，子どもたちは森のことが気になってしょうがなかった。「こんなに木の枝が流されている。『王様の木』は大丈夫かなぁ」と，心配し大急ぎで森を駆け上っていった。先頭を切って登っていった数人の子どもが「先生早く，早く!!」と保育者を急がす。「あのカエルが

11章　子どもが幸せになるクラス経営

王様の木の中にいるよ」「ほら木の根っこの中，見てごらん」と催促する。子どもたちに言われるままに穴の中を覗き込むと，カエルが1匹こちらを向いて座っている。「ねっ！」と静かな声でにこやかに保育者の同意を求めるジュン。「うん」とうなずき合い，この感動をかみしめ合った。

サトシ：「ここがカエルさんのお家だったんだね」「ここならあの大雨にも流されないでいれるよ」ナオト：「王様の木の穴から，森の中を見回していたんだね」日頃は現実的な話をしてくるナオトも神秘的な思いに浸っているようだ。ジュン：「そうか，ここで森を守っていてくれたんだ」ナオト：「カエルさんは，森を守る神様だったんだ」アヤ：「あの日幼稚園に連れて帰らなくてよかったね」ナオト：「うん，また来るよ，それまで森のことよろしくね」穴の中を覗き込み，声をかけ，満ち足りた様子で静かに友だちと山道を降りていく子どもたち。ちょうど，ヒロシがカエルを帰してやった所まで降りたとき，新たな出会いをした。「わぁ，カエルの子どもだ」「家族が増えたんだね。すごい」「家族が本当にいたんだ」ヒロミの言ったことが真実となり，子どもたちのなかに自然の不思議・神秘を感じさせることができたのである。

実は，保育者は，長い間初めての出会いのときの援助に揺らいでいた。この日，子どもたちからの「幼稚園に連れて帰らなくてよかったね」という心からの言葉によって，ひとつの答えを見たようであった。

保育者は1人で悩まず，保育カンファレンスをすることが大切である。保育カンファレンスとは，全職員が，幼児についてフラットな状況で話し合うことである。見たことを見たままに，感じたことを感じたままに話し合える場である。そこでは園長も，ベテラン保育者も，新任の保育者も，養護教諭も，事務・用務職員もその役職も立場も取り払い話し合っていく，幼児についての風通しのよい情報交換の場である。カンファレンスを行うことにより，明日からの幼児に対する具体的な援助の方向性が，明確になっていく⏎11。幼児の課題が明確になると，カンファレンスの時間だけではなく，保育中にも職員間で連携して幼児を見ていくことが可能になっていく。

⏎11 無藤隆・神長美津子『幼稚園教育の新たな展開』ぎょうせい，2003。幼稚園教育要領第1章　第4-3-(8)，保育所保育指針第1章3-(4)-(ウ)，幼保連携型認定こども園教育・保育要領第1章第2-2-(3)-ケ参照。

教職員全体で子どもを守り育てる姿勢が，1人ひとりの子どもへの手厚い援助となる。「1人で悩まず，相談できる職員集団があること」「さまざまな人に支えられ，人に育てられることを幸せであると意識し感じることのできる保育者であること」，このことが「子どもが幸せになる学級経営」の基盤にある。

　1人ひとりの子どもの幸せを心から願い，共に心から笑い，共に泣き，共に悩む日々を送る，そんな保育者のそばで生きる子どもたちは幸せであろう。

12章　家庭・地域・専門家との協働・連携

1 保護者との連携

　幼稚園や幼保連携型認定こども園，保育所で多くの時間を過ごす子どもが家族のもとに帰っていく降園時間に，笑顔とともにその日のエピソードなどを話しながら保護者と一緒に成長を共感することは，とても大切な時間である。保護者が子どもの養育に悩む姿に寄り添い，ときには助言し，ときには励ましながら保育者が子育てを支えていくことが必要になることはいうまでもない。ましてや「保護者なのだから」と保護者の態度を批判的に見たり，子育てについて余裕のない疑問や質問に対して「うるさい保護者だ」などと，適当に受け流したりすることがあってはならない。保育者は，保護者の行動や気持ちを誠実に受け止める姿勢と対応できる保育指導のスキルを身に付けておくことが，共に子どもを育てていく者として重要であるといえる。

　保育所保育指針→1 では，保育所の役割として「保育に関する専門性を有する職員が，家庭との緊密な連携の下に，子どもの状況や発達過程を踏まえ，保育所における環境を通して，養護及び教育を一体的に行う」（第1章「総則」1「保育所保育に関する基本原則」(1)「保育所の役割」イ）ことが特性であると記している。また解説では，「保育所での保育が，より積極的に乳幼児期の子どもの育ちを支え，保護者の養育力の向上につながるよう保育所の特性を生かした支援が求められています」とある。保育所は家庭との関係を深めながら保育を行い，また保護者の子育てにも積極的にかかわっ

→1 保育所保育指針は，2008年3月の改定を機に局長通達から厚生労働大臣による告示となり，遵守すべき法令として示された。また，保育の内容に関する事項だけでなく，関連する運営に関する事項を含めた役割や責任を明記した。

て養育力の向上を図ることが求められている。

　保育所保育指針第4章「子育て支援」では，第1章および第2章などの関連する事項を踏まえ，保育所における保護者に対する支援の基本が明記されている。この項では，保護者の養育力の向上について示されている内容についてみていく。

■保護者とともに，子どもの成長の喜びを共有する

　日々の保育のなかで，保育者は子どものかかわりによって小さな成長とその積み重ねを数多く経験することができる。そこには保育者が子ども1人ひとりの存在を尊重し，その成長を貴いものとして認める姿勢が重要である。それは保護者が家庭で子どもと向き合うときにも同様である。まず，保育場面でのささいな出来事も保護者に伝えて共有したり，それが子どもの育ちに必要であることを保護者に理解したりしてもらう。それが，保護者自身が日々の家庭での子育てを振り返り，養育する力を向上させるための機会になるのである。たとえば，砂場でままごと遊びを楽しんでいた子どもが，家で母親の台所仕事を手伝いたがったりする場面を想像してほしい。かえって時間がかかるので，母親は手伝わせたくないが，以前に園での砂場の様子を保育者から聞いていたので少しずつでも手伝わせるようにした。後日，母親はその様子を保育者に話して聞かせて2人でそのエピソードをほほえましく語り合った。満足げに手伝う子どもの姿に応じながらも，母親自身は手間と時間のかかる日々であろう。保育者はそんな母親の子育てへの思いと日々のがんばりに共感したい。子どもの成長を保護者と共有することは，子育ての協働者としての意識を相互に持つことにつながる。保育士等が保護者と交流し，子どもへの愛情や成長を喜ぶ気持ちを共感し合うことによって，保護者が子育てへの意欲や自信をもてるように支援していきたい➡2。

➡2　保育所保育指針第4章「子育て支援」1「保育所における子育て支援に関する基本事項」(1)「保育所の特性を生かした子育て支援」アおよびイ。

➡3　保育所に規定されている11時間の開所時間の前後30分から1時間を行う。それを基本として，2時間から6時間までの延長時間を5段階に設定して実施する長時間延長保育促進基盤整備事業がある。

➡4　日曜や祝日などに仕事がある家庭を対象にして行われる

12章　家庭・地域・専門家との協働・連携

■ 保育所や幼保連携型認定こども園に入園所している
　子どもの保護者に対する支援

　保育所や幼保連携型認定こども園に子どもを預けている保護者の多くが就労している。就労時間が不規則な仕事や残業のある仕事では，必然的に子どもとかかわる時間も少なくなってしまう。そんなあわただしい時間のなかで，保育者は，1日の子どもの様子などを保護者に伝えたり，必要に応じて相談や助言をしたりすることで，保護者がわが子を愛しいと思える精神的余裕を持つ手助けをする役割を担っている。そのような日々の保育に対する保護者の安心は，やがて信用になり信頼になる。相談を受けたり助言したりする関係をつくるためには，まずここから始めることが大切である。また，保護者の就労形態や就労状況によって，延長保育➡3 や休日保育➡4，病児・病後児に対する保育➡5 など，さまざまな保育サービスが充実してきている。今後，ワーク・ライフ・バランスの社会的認知が広がるとともに，子どもの最善の利益を考えつつ共働き家庭が安心して子どもを育て，働くことのできる環境が整っていくであろう（図12-1）。

■ 保育所・幼保連携型認定こども園を利用していない地域の
　家庭への支援

　保育所や幼保連携型認定こども園は，地域に住んでいる子育て中の家庭への支援拠点となる役割を担っている。保育所保育指針では，保育所は地域に開かれた子育て支援の拠点として，地域の保護者に対して，保育

事業。市町村や委託された保育所経営者によって，年間を通じて開所することを原則として実施され，開所時間は家庭の状況などを考慮して市町村長が定める。

➡5　病気の子どもの一時預かりや，保育中に体調不良となった児童への緊急対応を行うことにより，保護者の子育てと就労の両立を支援することを目的に2007年度から実施されている。回復期にある場合に対応する病後児対応型が多い。

➡6　内閣府政策総括官（共生社会政策担当）「少子化社会対策に関する子育て女性の意識調査2009」より筆者作成。

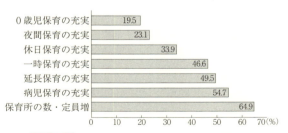

図12-1　保育所のサービスに関する子育て女性の要望➡6

所保育の専門性を活かした支援を積極的に行うよう努めることが明記されている。また，地域の子どもに対する一時預かり事業■7などの活動を行う際には，1人ひとりの心身の状態を考慮し，日常の保育との関連に配慮するなど，柔軟に活動を展開できるようにするとされている。（保育所保育指針第4章「子育て支援」3「地域の保護者等に対する子育て支援」(1) アおよびイ）

また，幼保連携型認定こども園教育・保育要領には，地域における子育て家庭の保護者等に対する支援として，地域の子どもが健やかに育成される環境を提供し，保護者に対する総合的な子育ての支援を推進するため，地域における乳幼児期の教育および保育の中心的な役割を果たすよう努めることが記されている。（幼保連携型認定こども園教育・保育要領第4章「子育ての支援」第3, 3）

保育所や幼保連携型認定こども園がこれらの機能をどのように活用していくかは，それぞれの地域の実情，たとえば子どもと保護者の状態，地域の関係機関とのネットワークの構築などによって異なってくる。また実施する園所に支援を行える体制が整えられているかによっても変わってくるだろう。それらを含め保育所の役割には，地域の状況に応じた子育て支援機能の充実が求められている。現在の地域子育て支援拠点事業■8は，保育所や幼保連携型認定こども園をはじめ公共施設や児童館，商店街の空き店舗などの地域の身近な場所で行われている。ここでは子どもを主な対象とした従来の保育所や幼保連携型認定こども園の役割機能とは別に，子育て支援を，地域の子育て家庭，とりわけ保護者を支援の対象とした独自の領域として推進されているといえるだろう。

■7 子育てを在宅で行っている家庭を対象として行われ，保護者が通院や社会参加活動，育児疲れの軽減などのために利用することができる。

■8 地域の子育て支援機能の充実を図り，子育ての不安感などを緩和し，子どもの健やかな育ちを促進することを目的とする子育て支援事業。2007年度に創設された。現在，一般型（おもに保育所，幼保連携型認定こども園や公共施設）と連携型（おもに児童館）がある。

12章　家庭・地域・専門家との協働・連携

2 地域社会に根づく保育者・保育施設

■社会資源としての保育者・保育施設の役割

　現代の家族が子どもを育てていく過程では，従来の子育てイメージや体験値からでは量れない悩みや葛藤が発生する。「育児不安」と呼ばれる気持ちは，疑問や心配事が一時的に表出するのではなく，継続的に蓄積される感情的に不安な状態のこと➡9である。母親が実感している子育ての身体的・精神的ストレスは，社会や家族の形が急激に変化したため，他の世代の人たちには実感としてとらえにくい。したがって子育ての悩みや相談事を持ち寄るのは同じ悩みを抱えて共感しあえる「ママ友」になり，ますます世代間での子育ての交流は難しくなっている。しかもママ友の関係になれるのは積極的で社交的な母親同士であり，引っ越してきたばかりで地縁がなく知り合いもいなかったり，もともと人とかかわるきっかけを見つけにくい親だったりすると，同年代でも交流する機会が限られてしまいかねない。

　保育所は乳幼児の受け入れ対象として最も認知度の高い施設である。現在の保育所数は2万3447カ所（2016年度）である。また，幼保連携型認定こども園は，4001カ所（2016年度）で，

➡9　牧野カツコ「乳幼児をもつ母親の生活と〈育児不安〉」『家庭教育研究所紀要』3，1982, pp. 34-56。

➡10　厚生労働省「保育所等関連状況取りまとめ（平成29年4月1日）」より筆者作成。

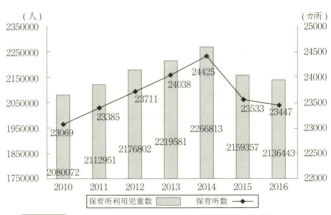

図 12-2　保育所数および入所児童数の推移➡10

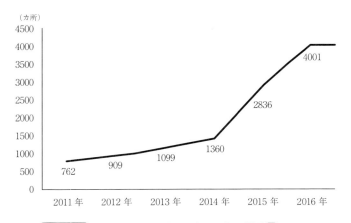

図12-3 幼保連携型認定こども園数の推移◯11

◯11 内閣府「認定こども園の数について（平成28年4月1日現在）」より作成。

待機児童の対策として増加傾向である（図12-2, 12-3）。

保育所や幼保連携型認定こども園にはいつも子どもの声がしていて，地域に対して開放的であり目立つ色彩の建物も多い。子どもや子育てに関する情報や蓄積した保育技術をもっていて，地域の家族や関係機関とのネットワークを構築している保育所や認定こども園も多くなっている。さらに入園所している子どもへの支援として延長保育，休日保育，病後児保育なども積極的に行われている。また地域の子育て家庭を対象にして所（園）庭開放や，一時預かり保育なども実施している。子どもをもつ親が子育てをつらいと感じるのは，自分の時間が持てなかったり，子育てとともに自分の生き方も確立したいという焦りを感じたりするためであると考えられる。保育者は子どもの身近にいて，見守る役割を担っている。日々の成長や感情の変化など，常にアンテナを張って子どものシグナルを受け止めることが求められている。子どもは保育所や認定こども園で育つとともに地域でも育っている。保育者は保育場面だけをとらえて，子どもの成長や心の動きを判断することはできない。なぜなら子どもの日常生活は，保育所および認定こども園と家庭，地域で成り立っているからであり，家庭での様子や地域性など，保育所が地域とともに存在していることを理解し，自らも関心を高めなければ子どもを取り巻く実態を概観することはできない。保育者はそれぞれの役割を

自覚しながら，子どもや保護者とのかかわりから，地域社会を視野に入れた役割を意識することが必要なのである。

　地域子育て支援拠点事業を行っている保育所や認定こども園も多い。その理由は，地域子育て支援拠点事業（2017年現在7063カ所）がおもに保育所に限定して併設されていたからである。そのためセンターに来ている子どもが保育所の異年齢児と接する機会があり，親にとっても子どもの成長発達を実際に見るよい機会になっている。これらの保育施設の支援事業は，母親にとって「お守り」であるという。普段は子どもと精いっぱい向き合いながら，自分の気持ちの支えを保育所の支援に求めているのである。子育ての主役は家族であり，それを取り巻く地域が見守りながら成長を共に共有する。社会資源としての保育所は，地域と家族をつなぐものとしての役割を期待されている。そのために保育所や認定こども園における支援事業は必要なのである。

　2011年3月11日に発生した東日本大震災によって，地域のあり方や人々の意識は大きく変化したと言われている。大きな災害に遭遇することで，家族の絆や地域とのかかわりをあらためて見直すきっかけになった。今後このような意識の高まりを一時的なものとせず，地域の人々が主体となったコミュニティの再構築に向けた動きが期待される。その過程において，地域に根ざした保育施設のあり方も，あらためて検討すべきであろう。

3 専門家との協働・連携

　地域の社会資源とは，利用者のニーズを充足するために動員されるあらゆる物的・人的資源を総称したものである。では社会資源にはどのようなものがあるのだろう。子育てをしている家庭が関係する社会資源には，大きく2つに分類できる。専門家による行政機関と，当事者が中心の地域活動である。行政機関には各市町村，児

童相談所，福祉事務所，保健所（保健センター），家庭裁判所などがあり，民間も参画している機関では保育所，幼稚園，児童家庭支援センター，児童福祉施設などがある。地域活動には当事者が主体的に活動するサークルや子育てサロンなどがあり，当事者であり支援者となる民生委員や児童委員，社会福祉協議会，NPO，ボランティアなどがある。このほかに家族に最も近い存在として親族や友人，近隣住民などがいる（図12-4）。

■ 専門家による行政機関の社会資源

(1) 自治体（市・町・村）

厚生労働省によって検討され制定された法律に則って，都道府県や指定都市，市町村に対して省令・通知を行う。各市町村の自治体は，それに基づき当該地域において行政機関と調整しながら住民へのサービスを行っている。子ども虐待の増加や育児不安を抱えている家族の増加にともなって，子育て支援事業や相談窓口の開設，保育所や児童厚生施設，または保健センターなどの行政機関の運営，子ども手当などの手続きや申請窓口，地域の調整などの役割を担っている。

(2) 児童相談所

児童福祉法第12条によって，都道府県などに208カ所（2016年現在）設置されている。

業務内容は，①地域の枠を超えた実情の把握，相談，指導　②医学的・心理学的，教育学的などの判定　③一時保護などである。そのほかにも里親に関係する委託や相談など広域的で高い専門性

▶12 小坂田実『社会資源と地域福祉システム』明文書房，2004，p.56より筆者作成。

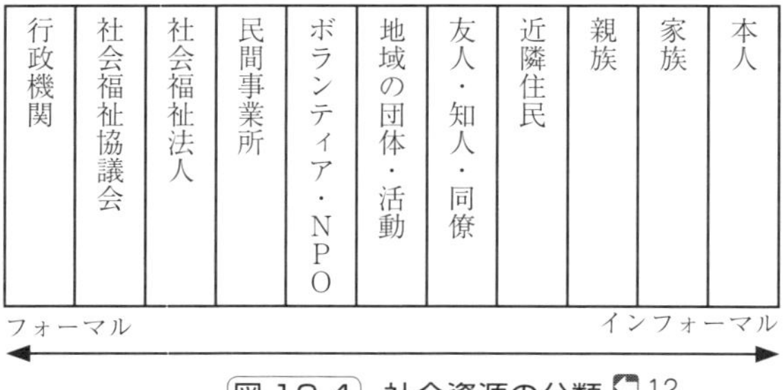

行政機関	社会福祉協議会	社会福祉法人	民間事業所	ボランティア・NPO	地域の団体・活動	友人・知人・同僚	近隣住民	親族	家族	本人

フォーマル ←―――――――――――→ インフォーマル

図12-4　社会資源の分類　▶12

を必要とするケースに対応することが求められている。児童福祉司、児童心理司、保育士などが専門知識を持つ職員として従事している。

(3) 保健所・市町村保健センター

これらの施設は、地域特性を考慮しながら保健・衛生・生活環境などのニーズに対してきめ細かく対応することを目的にしている。保健所は都道府県、政令指定都市、中核市、その他などに設置されていて、2017年4月時点で481カ所ある。市町村保健センターは2017年4月現在で2456カ所設置され、多様化する地域や住民のニーズに対応するために市町村が任意で設置している。業務内容は健康相談、保健指導、健康診査などのほかに、子育てサークルの支援▶13やファミリー・サポート・センター事業の実施など、行政の子育て支援の拠点としても中心的な役割を果たしている。

(4) 児童家庭支援センター

地域に住んでいる家庭や子どもに関する相談を常時受け付ける一般相談や電話相談、相談者のカウンセリング、緊急を要する短期支援事業（ショートステイなど）を行っている施設である。相談内容によっては専門的な知識や技術が必要なケースに応じるために、職員は児童福祉の経験を十分積んだ相談支援や心理療法などの専門的な知識を持っていることが望ましいとされている。ほかにも家庭を取り巻く地域の関係機関（児童相談所、保健センター、病院、教育機関、保育所、認定こども園など）と連携して、情報提供や協力関係をはかりながら総合的な支援にあたっている。

(5) 教育関係機関（幼稚園・公民館・学校など）

幼稚園は、少子化や共働き家庭の増加にともなって、通常の4時間を超えて保育をする預かり保育や、保護者との協力や相談活動など、地域資源としての役割が大きくなっている。公民館は、地域を基盤として一般的に広く知られている存在であり、子どもから高齢者まで幅広く活用されている施設である。最近では、子育てサークルの利用や地域子育て支援拠点事業にもとづく定期的な活用、さら

▶13 子育てに不安と悩みをもつ親同士が、親自身の育ち合う仲間づくりなどを目的にした自主的な活動。

には親の学習や交流を目的として,子育てサロンの実施など,子育て家庭を対象とする活用機会が増えている。学校として,小学校,中学校,高等学校なども,地域の児童に関係する機関として連携を図ることが重要になっている。さまざまな原因で,学校生活になじめなくなる児童が増加している。その背景として虐待,放置,経済的理由,発達障害などがあげられている。このような問題に対応するために,教員をはじめスクールカウンセラーやスクールソーシャルワーカーなど,専門的な知識を持った職員を配置し,対応にあたっている。

　民生委員・児童委員は,地域の当事者であり,一方で支援者としての役割も担っている。これらは地域のボランティアとしてさまざまな相談活動や支援活動を行っている。活動内容は多岐にわたっていて,主に高齢者や地域の一般的な生活問題にあたるために,子どもや子育て家庭にとってはかかわりの薄い存在であった。しかし児童虐待の早期発見や子育て家庭への支援に対する相談や見守りなど,課題が広く認知されるにともなって,その役割も大きくなっている。

13章 保育の思想と歴史的変遷

1 日本

　日本には現在の幼稚園と保育所に連なる2つの歴史的な流れがある。そのため，本章ではいずれかの施設にかかわる保育思想と実践を取り上げる。

■幼稚園と国民形成
──東京女子師範学校附属幼稚園の遊戯と唱歌

　19世紀の欧米で成立した義務教育制度は，学校教育を通じて同じ言語や経験を共有する民族を形成した。幼稚園もこの時代に誕生した。フレーベル（Fröbel, F. W. A., 1782～1852）は，統一ドイツが形成されていない1840年に，「ドイツ」を冠した一般ドイツ幼稚園を設立した。この名称は，幼稚園を通じてドイツ国民（民族）をつくる意図がフレーベルにあったことを示している。

　日本初の幼稚園は，1876年に東京女子師範学校（現お茶の水女子大学）に設立された附属幼稚園である。この官立幼稚園は，恩物を中心とするフレーベル教育を取り入れ，その後の日本で設立される幼稚園の模範になった。日本の幼稚園は，音楽に合わせてみんなで同じ振りをする遊戯や唱歌を通じて，子どもの自発的な活動を促しながら，同じ経験や身振りを共有する国民を育成した▶1。たとえば，フランスの哲学者であり音楽家でもあるジャン=ジャック・ルソー（Rousseau, J. J., 1712～1778）が原曲を作ったとされる「むすんでひらいて」▶2が日本の幼稚園で歌われ，国内に広まった。

▶1　渡辺裕『歌う国民──唱歌、校歌、うたごえ』中央公論新社，2010。

▶2　海老沢敏『むすんでひらいて考──ルソーの夢』岩波書店，1986。

■幼稚園における図画教育と園舎の歴史──愛珠幼稚園

　日本初の町立幼稚園であり全国で4番目の幼稚園が，1880年6月1日に大阪市東区で開かれた愛珠(あいしゅ)幼稚園である。「北船場(きたせんば)」と呼ばれる商業地帯の住民が園に資金を援助し，園児の多くも住民の子女であった。設立当初の保育の方法と内容は，東京女子師範学校附属幼稚園と大差なく，恩物中心で保育科目に遊戯や唱歌があった。日露戦争（1904～1905）後の「画方(かきかた)」では幼児は身近にあるものを自由に描く一方，談話で扱われた桃太郎の話や戦争に関するものを描くこともあった➡3。1901年3月に竣工した独立園舎が，愛珠幼稚園では現在も使われている。各保育室と園庭が廊下で結ばれたこの園舎は自由遊びを促しながら，同時に幼児を園外から隔離するものでもあった➡4。

　愛珠幼稚園が伝え残す図画教育と園舎の歴史は，保育者を始めとする大人が構成した環境（ここでは談話や戦争，園舎）が幼児の活動や主体性を引き出し指導しようとしたことを示している➡5。

■保育所の誕生──二葉幼稚園から二葉保育園へ

　二葉(ふたば)幼稚園は，貧困層の就学前児に教育と養育をした日本初の保育所である。1900年1月に女性キリスト教徒が東京市麴町区の借家で開園した。創立者は華族女学校（1906年より学習院女子部）附属幼稚園保母を務める野口幽香(ゆうか)（1866～1950）と森島峰(みね)（1868～1936）であった。保育項目に遊戯，唱歌，談話，手技があり，自由遊びが朝から夕方までの3時間近くを占めた。幼児が毎日持ってきた一銭は，おやつと貯金に半分ずつ充てられた。毎月1回親の会を開き，園と家庭の連携を図った➡6。1901年5月には，母親の手に余る前夫の6歳になる子どもを石井十次(じゅうじ)（1865～1914）が創設した岡山孤児院に送る手助けをした➡7。

　園は麴町区内で二度移転した後，四谷区鮫ヶ橋の御料地を借り

➡3　牧野由理『明治期の幼稚園における図画教育史研究』風間書房，2016。

➡4　永井理恵子『近代日本幼稚園建築史研究──教育実践を支えた園舎と地域』学文社，2005。

➡5　千葉雅也『勉強の哲学──来たるべきバカのために』文藝春秋，2017。特に第1章。千葉は，環境に支配された主体が自由になるための「深い勉強」や「言葉の偏重」について論じており，幼児教育における主体と環境の関係を再考するうえでも示唆に富む。

➡6　宍戸健夫『日本における保育園の誕生──子どもたちの貧困に挑んだ人びと』新読書社，2014。

➡7　上笙一郎・山崎朋子『光ほのかなれども──二葉保育園と徳永恕』社会思想社，1995（原著1980）。

て1906年3月に新築園舎へ移転した。二葉保育園に改称した1916年7月から内務省管轄となり，12月に新宿区南町に分園を開いた。1922年6月に附設した「母の家」で，日本で先駆けて母子を保護した。野口は園長を1931年まで務め，1908年4月から園で働く徳永恕（ゆき）（1887〜1973）が引き継いだ。

二葉保育園の歴史は，1947年制定の学校教育法と児童福祉法によって確立する幼稚園と保育所の二元体制の始まりだけでなく，今も問われる⇨8 保育や貧困，家族との最初期の結びつきを示している。

■非キリスト教者による託児事業──守孤扶独幼稚児保護会

守孤扶独幼稚児保護会（しゅうこふどくようちじほごかい）は，赤沢鍾美（あつとみ）（1864〜1937）が1890年代半ばに設立した新潟静修学校で幼児を世話したことを起源とする組織である。赤沢は，同校に通う商人や労働者の子どもたちが連れていた弟妹に無料で玩具と間食，衣類を与えた。その噂が広まり寡婦寡夫の幼児や，親を亡くして祖父母に育てられる幼児を含む60名ほどが毎年保護された。赤沢によれば，彼は1908年から名士の勧めで準備を始め，1910年4月に同校を開設した。定員は100名，保育料は一日一銭を徴収するか無料とした⇨9。主任保母を鍾美の妻仲（なか）（1871〜1941）が務め，保姆も雇い始めた。大正から昭和にかけて働いた保姆に対する1970年代の聞き取りによれば，保護会では健康確認から始まり，1日5時間の計画を立てて，室内で遊戯やぬり絵，唱歌を教えた。多い時には園児が300名に達して，保姆1人で85名を担当した⇨10。現在もその子孫によって赤沢保育園は経営されている。

保護会は，託児事業を規定する法令がなかった時代における，キリスト教徒ではない平民出身者による先駆的な事業であった。適切な保育を保障する制度をつくることは，現在の課題でもある。

⇨8 秋田喜代美他編『貧困と保育』かもがわ出版，2016。

⇨9 稲井智義「赤沢鍾美」東京大学大学院教育学研究科附属発達保育実践政策学センター編『保育学用語辞典』中央法規出版，2018。

⇨10 浜田陽太郎他編『近代日本教育の記録（中）』日本放送出版協会，1978。

■孤児院から保育所と子どもの権利へ
──岡山孤児院と石井十次

　岡山孤児院は，石井十次が1887年9月に始めた子ども救済施設であり，日本で初めて孤児院の名を掲げた。石井は小学校教育と実業教育，家族代わりの養育を提供し続け，1897年12月に岡山孤児院附属小学校を設立した。院は1905年4月から乳幼児を農村に里預けして，母親代わりを務める「主婦」が20名弱世話した。1906年の東北三県凶作で貧孤児825名を救助し，規模は1200名に近づく。院は1912年3月までに石井の故郷に近い宮崎県茶臼原へ全面移転し，1926年に解散した。茶臼原移転の目的は，ルソー『エミール』から感銘を受けて自然の中で子どもを教育し，男児は農業で独立させ，女児は院外の農家や家庭で奉公させその妻にするためであった。石井は平等な農村共同体の実現を夢想しながら，1914年1月30日に孫の出生を聞き亡くなった。十次の孫児嶋虓一郎（1914～1992）は1945年10月から戦災孤児を収容し，現在も石井記念友愛社が児童養護施設や保育所を運営している。

　他方で石井は1909年7月に大阪市南区で，日中に働く親の幼児と働く子どもに養育と教育をする愛染橋保育所と愛染橋夜学校を開いた。両事業は石井の没後3年を経て石井記念愛染園として独立した。園附設の研究室をもとに1919年2月に設立された大原社会問題研究所で児童問題を研究した高田慎吾（1880～1927）は，1924年に国際連盟が採択する「子どもの権利に関するジュネーヴ宣言」を初めて邦訳した。研究所は現在，法政大学附属機関となっている➡11。

　孤児院から保育所と子どもの権利へ至る思想と活動の流れは，日本で20世紀初頭から専門分化され始めた保育や学校教育，社会福祉を，総合的にとらえ直す必要性を示唆している。

➡11　稲井智義「近代日本の児童福祉と子どもの権利」村知稔三・佐藤哲也ほか編『子ども観のグローバル・ヒストリー』原書房，2018。

■生活と情緒の保育思想──倉橋惣三

　恩物中心のフレーベル主義に基づく幼稚園を批判した心理学者が倉橋惣三（1882〜1955）である。倉橋は1917年に東京女子師範学校教授になると同時に，附属幼稚園主事を務めた。倉橋は，保育方法の特性が「生活を生活で教育する」点にあると述べた。この思想は，1933年の講演をまとめた『幼稚園保育法真諦』（1934年）で「生活を，生活で，生活へ」というスローガンに表現された。すなわち，倉橋の思想は，子どもの生活を，子どもの生活によって，子ども自身が担う生活へと導いていくことを中核とするものであった➡12。

　倉橋の保育思想は同時代だけに留まらず，彼が亡くなった20世紀後半を通じて日本の保育界に影響を与えた。1989年に改訂された幼稚園教育要領に，子どもを情緒的な存在としてとらえ，子どもの情緒が発達することを重視する倉橋の情緒主義が読み取れる➡13。

　他方でアジア・太平洋戦争時代（1941〜1945）に，倉橋は幼稚園児に飛行機献納の提唱を呼びかけ，幼児による貯金や街頭での募金募集活動を経て，海軍に「日本幼児号」を献納した➡14。生活や情緒を中核とする倉橋の思想が幼児の戦争動員に結びついた事実は，国旗や国歌に親しむことが明記された2017（平成29）年告示の保育所保育指針や幼稚園教育要領後の保育のあり方を考えるうえでも興味深い。

■児童文学と保育──中川李枝子と『いやいやえん』

　保育は，大人が子どもをどのように理解するか（子ども理解）によって影響を受ける。1960年代の英米と日本において，児童文学で描かれる子ども像は変化した。18世紀から1950年代までの児童文学で支配的であった思想は，子どもの認識が経験によって生まれると考え，子どもを教訓としつけの対象と見なす経験主義と，子ど

➡12　佐伯胖『幼児教育へのいざない──円熟した保育者になるために』東京大学出版会，2014, pp. 159-164。

➡13　同上，pp. 120-127。

➡14　米田俊彦「空襲・疎開から見た「戦争と子ども」」『幼児教育史研究』10, 2015。

もを純粋無垢な存在と見なすロマン主義であった[15]。しかし，両者と異なる子ども像が1960年代に登場した。

たとえば中川李枝子（1935〜）は1962年に，幼い子ども向けの『いやいやえん』[16]を発表した。中川は東京都立高等保母学院を卒業した1955年から無認可のみどり保育園で，閉園となる1972年まで主任保母として働き続けた。中川が園での経験をもとに「私の保育理論」として書いた作品が，『いやいやえん』である[17]。

佐伯胖はこの作品を次のように理解した。主人公しげるは当初，「ちこちゃんがやった」という先例を根拠に自分を正当化する道徳観を持っていた。しかしこの道徳観が，徹底した「一貫性」への要求によって打ち破られる。佐伯は「お説教めいた説明」がないこの物語から，子どもが「一貫性」なら「わかる」こと，子どもが一貫したルールや道徳を知ろうとしていることを読み取った。佐伯によれば，この「一貫性への志向」によってのみ「人間は知識（道徳をふくむ）に至ることを身をもって証した人が，かのソクラテスであった」[18]。つまり中川の保育思想を反映した『いやいやえん』で描かれた子どもは，「一貫性」を知ろうとすることで知識や道徳に至る，古代ギリシャの哲学者ソクラテス（Sôkratês, 469〜399 B.C.）[19]の姿と重なる。子どもを教訓としつけの対象とみなす経験主義の児童文学とは異なる，「一貫性」を志向する子どもの姿が，『いやいやえん』で描かれたのである。

■園の構成員としての幼児と保育者・親・市民──持田栄一

子どもが自ら一貫性を知り，わかろうとする存在であるならば，幼児を園（幼稚園・保育所）の作り手として位置づけることは不可欠である。児童文学での子ども像の変化から遅れて1960年代末に，子どもを園の構成員とする理論を提起した教育学者がいた。それが，教育の行政と制度を研究する持田栄一（1925〜1978）であった。

幼稚園と保育所への5歳児就園率が9割を超えた1970年代に，[20]

---

[15] 神宮輝夫『児童文学の中の子ども』日本放送出版協会，1974，p. 65。あわせて浅木尚美編『絵本から学ぶ子どもの文化』同文書院，2014。

[16] 中川李枝子『いやいやえん』福音館書店，1962。

[17] 中川李枝子『本・子ども・絵本』新版，大和書房，2013，p. 27。

[18] 佐伯胖『「学び」の構造』東洋館出版社，1975，pp. 75-81。

[19] ソクラテスを登場人物にして，弟子のプラトンが描いた対話篇『メノン』（藤沢令夫訳，岩波書店，1994。および渡辺邦夫訳，光文社，2012）では，「徳が教えられるか」というテーマや学習の想起説が述べられた。

持田は園長が主導する園の管理体制を批判した➡21。持田は，1952年に東京都江戸川区で旧友が創立した仏教系保育所・幼稚園併設園にかかわりながら，幼児教育制度論を構想した。持田が提起したことは，保育者が園経営を担い，園の構成員である親や地域の市民，そして幼児とともにカリキュラムをつくり保育実践を積み重ねてその実践と経営の課題を明らかにしながら保育制度を改革していくことである➡22。持田の理論を見直す意義は，「幼児の主体的な活動」や「カリキュラム・マネジメント」が幼稚園教育要領（平成29年告示）で語られる2010年代後半において，この点にある。

■今後のゆくえを探る

近年のいくつかの幼稚園と保育所では，公的な保育の役割を問い直している。さくら保育園編『それでも，さくら咲く』（かもがわ出版，2014年）は，東日本大震災後の福島県で保育士・親・研究者が協働して保育を作り直した実践記録である。また，お茶の水女子大学附属幼稚園における親との関係を編み直した実践や幼小接続の取り組みも興味深い➡23。この2つの園では，幼稚園と保育所の歴史が残してきた課題に対して応答する実践がなされ，新たな公的な保育の思想が生まれつつある。

2 諸外国

■コメニウス（Comenius, J. A., 1592〜1670）

コメニウスはモラヴィア生まれの教育思想家である。彼は，1632年に『大教授学』（*Didactica Magna*）を著し，「あらゆる人にあらゆることがらを教授する普遍的技法を提示する」ことを宣言し，すべての民衆を対象とする一般教育制度を構築する必要性を訴えた。コメニウスがこのように訴えるに至った時代的背景を押さえておこ

➡20 松島のり子『「保育」の戦後史——幼稚園・保育所の普及とその地域差』六花出版，2015。

➡21 持田栄一編『幼保一元化』明治図書出版，1972。

➡22 稲井智義「持田栄一の幼児教育制度論——ルンビニー学園における実践の「共有化」に着目して」『幼児教育史研究』11，2016。

➡23 小玉亮子編『幼小接続期の家族・園・学校』東洋館出版社，2017。以下の実践も重要。木村泰子『「みんなの学校」が教えてくれたこと——学び合いと育ち合いを見届けた3290日』小学館，2015，同『「みんなの学校」流・自ら学ぶ子の育て方——大人がいつも子どもに寄り添い，子どもに学ぶ！』小学館，2016は，「すべての子どもの学習権を保障する」ことを学校の理念として，2006年に開校した大阪市立大空小学校の初

> 代校長が書いた記録である。ここでは、公教育からの「障害児」の排除につながる就学時健康診断の廃止が提起された。この提起は幼児教育と小学校教育の接続を問い直す視点を含んでいる。

う。伝統的な社会では、子どもにとって学習の目的ははっきりしていた。共同体のなかで生きるための生活知、親の職業を受け継ぐなかで求められる技術など、身に付けるべき知識は生活と密着しており、中世の子どもたちにとって学習の動機は明確だった。しかしながら、近代においては、共同体が解体され、自律した個を確立することが求められる。そこで共同体における教育に代わって「学校」というシステムが誕生したのである。そしてこれに伴い、子どもたちは学習に際して直接的な動機づけのないことがらを学ぶこととなった。このため近代の教育では、「わずかな労力で愉快に着実に子ども達に知識を身に付けさせる」という課題が浮かび上がってくる。そうした状況下で、コメニウスは教授技術のモデルを印刷術に求め、「教刷術」にもとづく教育学を打ち立てた。彼は大量の知識が多数の本に印刷されるように、大量の知識が迅速に多数の子どもに教授されるような教育を構想し、こうした教育は近代教育の基礎となった。それゆえコメニウスは「近代教授学の父」と呼ばれている。

　コメニウスの構想を具体的に見てみよう。彼は『大教授学』のなかで、幼児期（誕生から6歳まで）の子どもに「母親学校」、児童期（6歳から12歳まで）は「国語学校」、12歳から18歳は「ラテン語学校」、18歳から24歳までを「アカデミア（大学）」とする学校体系を構想した。そうした彼の構想は、大学以降にも及んでおり、壮年期の学校、老年期の学校、死の学校が構想され、これは今日における生涯教育の先駆けともいえる。このうち幼児教育段階に相当する「母親学校」について具体的に示されているのが『母親学校指針』（1633）である。そこにおいてコメニウスは6歳までの子どもは「母親の膝の上」で教育されることが必要であるとし、子どもを教師に委ねるべきではないとした。「母親学校」で学ぶことは、敬神、道徳、健康についての知識であるのだが、とくに健康についての知識は、親が注意深く教えなければならないと考えられている。

13章　保育の思想と歴史的変遷

　また，コメニウスは1658年には『世界図絵』（Orbis Sensualium Pictus）と呼ばれる挿絵つき教科書を出版した。世界最初の教科書として名高い『世界図絵』は，世界の縮図を示したものである。図13-1に示したように，『世界図絵』では151項目に及ぶ世界の事物が絵入りで提示され，それぞれに短文で定義がなされているのだが，ここではわずかの労力で多くのことがらを学ぶための工夫がなされている。『世界図絵』では世界の複雑なことがらが1つひとつ整理されており，しかもそれらが絵入りで説明されているので，子どもたちは感覚に訴えられる形で効率的に世界のことがらを学ぶことができる。『世界図絵』は，各国語に翻訳され，誰にでも学習できる教科書として普及した。かの文豪ゲーテも『世界図絵』で勉強し，子どもの頃使用した教科書のなかで『世界図絵』がもっとも印象に残っていると語った。

▶24　コメニウス著，井ノ口淳三訳『世界図絵』ミネルヴァ書房，1988。

図13-1　『世界図絵』▶24

■ルソー（Rousseau, J. J., 1712〜1778）

　ルソーは，スイスのジュネーヴ生まれの思想家であり，哲学，政治，経済，教育，文学などさまざまな領域に絶大なる影響を与えた。『むすんでひらいて』の作曲者としても知られる。『社会契約論』などの著書はのちのフランス革命に多大なる影響を及ぼした。

　ルソーは，教育思想史において「子どもの発見者」といわれるが，そのゆえんは，子どもを「小さな大人」とみなしてきた伝統を彼が否定したことに由来する。子どもには特有のものの見方，感じ方，考え方があるのであり，彼は，大人と子どもが質的に異なる存在であることを訴え，大人の思考をそのまま子どもにあてはめるべきではないとしたのである。そして子どもの発達段階に目を向けることの重要性やその各段階に適した教育のあり方を示したのが，教育小説『エミール』(1762) である。『エミール』では，架空の少年エミールを教育するという設定で，誕生から青年期までの教育のあり方が描き出されている。小説のなかでエミールは成長して結婚し，今度は自分が子どもを育てる立場となる。少年エミールを教育していくなかで，具体的な場面を通じて子どもをいかに導くべきかが示されるのである。ルソーの教育理念が端的に現れ出ているのが，『エミール』冒頭の一文である。「万物をつくる者の手をはなれるときすべてはよいものであるが，人間の手にうつるとすべてが悪くなる➡25」。子どもは文明状態のなかに生まれる自然人である。ルソーは子どもの本性を「善」なるものととらえ，その本性を自然のままに伸ばしていくことこそが教育の任務であると考えた。「自然」とはありのままの姿であると同時にあるべき姿でもある。「自然」に委ねることこそが教育に求められるのであり，子どもに「自由」を与えるべきだというのである。彼の思想は指導を極力避けるべきという理念にもとづくため，「消極教育」とも呼ばれている。

　しかしルソーのいう「消極教育」は子どもにわがまま勝手を許し，

➡25　ルソー著，今野一雄訳『エミール（上）』岩波書店，1962。

単に放置しておくという「自由放任」を意味するのではない。教師の役目は子どもがさまざまな経験をしうるような環境を組織し，それを子どもに提供することにある。つまり，子どものまわりに垣根をめぐらし，文明の悪影響から子どもを守ることにあるというのだ。以上のようなルソーの思想は，次に見ていくペスタロッチやフレーベルの思想に深く影響を及ぼした。

■ペスタロッチ（Pestalozzi, J. H., 1746〜1827）

　ペスタロッチはスイス生まれの教育家である。教育の歴史において，彼は「学校」というものを実際に作っていくうえできわめて大きな役割を果たした人物である。ペスタロッチが登場する以前，初等教育段階における教師は職業として確立されていなかった。教師は読み書き算盤を知っている者ならば誰にでも務まるものとみなされ，片手間の仕事だったのである。しかしながら，ペスタロッチはこうした状況に対して，教師は組織的に養成できる（すべき）ものであると考えた。この意味において彼は，近代学校の理論的基礎を作り上げた思想家であるといえる。

　小説『リーンハルトとゲルトルート』（1781〜1785）に描かれているのは，大酒飲みのリーンハルトを夫にもつ賢い妻ゲルトルートの物語である。7人の子どもへのゲルトルートの見事な子育てが評判を呼び，ゲルトルートの教育法にもとづく学校が建設される。これにより村中の子どもたちが成長を遂げ，村自体も繁栄するというストーリーである。ここで描き出されているのは，教育における家庭（母）の重要性である。そして家族単位での母を中心とするミクロな教育を出発点とすることで，やがてマクロレベルでの社会もよき姿を実現していくというのである。ペスタロッチはゲルトルートを愛情に満ちた女性として描き出し，他者に対して心を込めて世話をする理想の母親として表現している。こうした点に見られるように，ペスタロッチは母親の愛こそがもっとも有効な力であり，最高

の教師は母親であると考えた。そして，道徳教育の基本として「母子関係」を重視し，幼児教育ではとくに宗教的道徳教育を強調した。

このように「母子関係」を重んじた彼の教育学は「居間の教育学」とも呼ばれている。母子の絆によって，子どもは他者との信頼関係の基礎を形成する。ベースに母子関係が据えられることではじめて，子どもは世界が信頼に値するものだと感じられるのである。そして母子の絆は道徳教育の根本となり，さらに母との信頼関係は，神との関係へと発展する。子どもは母親を通して神をみることとなり，母子の深い絆を通して信仰の萌芽を芽生えさせることとなる。以上のような母子関係を基本型として，学校教育においても第一に教師と生徒の家庭的な信頼関係を築き上げることをペスタロッチは重視している。そしてその基盤のもとで教師―生徒間の信頼関係が子どもたち同士の信頼関係へと拡張されることが望ましいと考えた。

■フレーベル（Fröbel, F. W. A., 1782～1852）

フレーベルは幼稚園（Kindergarten）の創始者として知られる。彼は幼児のための保育・教育は学校の教育とは異なる原理で行われねばならないと考えた。主著『人間の教育』（1826）において，フレーベルは，万物のうちには永遠の法則が作用しており，これがすべてを支配していると述べている。この永遠の法則の根底に存在するのが神である。万物は神から生じ，あらゆるものが神に規定されているという。人間のうちにも作用している神的な本質を自覚すること，このことがわれわれにとって必要だというのである。教育とは人間が自分自身の使命を自覚し，その使命を全うできるよう手助けすることにある。フレーベルの幼児教育はこうした理念の上に打ち立てられている。

幼児教育に関しては，『母の歌と愛撫の歌』（1844）のうちにフレーベルの具体的な考えが示されている。これは，幼稚園に入る前の子どもをもつ母親のための啓蒙書として執筆されたものであり，

13章　保育の思想と歴史的変遷

正しい幼児教育を行う母の姿を示そうとしたものである。そこにおいてフレーベルは幼年期を「子どもの将来の全生活の萌芽」ととらえた。また，母親が遊戯や歌を通じて子どもを育てることは子どもの幸福にとって意味深いのみならず，そうした営みは，母親自身にも平静をもたらすと考えられた。そして幼児教育の方法としてフレーベルがもっとも重視したのは遊戯であった。子どもの成長を促す教具である「恩物（Gabe）」（図13-2）を制作し，遊びをとおして子どもの成長を導く学習方法を開発したのである。この「恩物」とは神からの子どもへの贈りものを意味しており，恩物は神の永遠の法則，永遠の真理を象徴するものとして考案された。恩物にはいくつかの種類があるが，もっともよく知られているのが以下の6種類からなる立体の恩物群である。第一恩物は毛糸でできた色の異なる6色のボールである。これは乳児の段階から与えられ「統一」の法則を表す。第二恩物は，球と円柱と立方体からなる。1歳後半から与えられ，「対立」と「媒介」を表している。第三恩物から第六恩物は一つの立方体を諸々の部分に分割したものである。それぞれ

◪26　写真提供：株式会社フレーベル館。

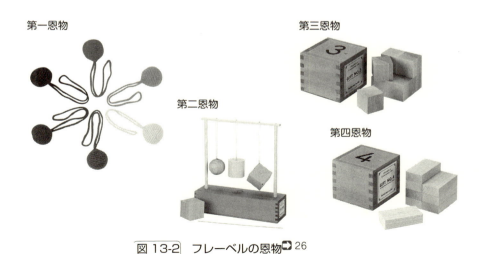

図13-2　フレーベルの恩物 ◪26

積み木のように組み立てられるものであり，第三恩物から第六恩物にかけて，より細かく分割されている。これらの恩物は部分と全体の関係を表すものである。こうした恩物での遊びを通じて，子どもたちはさまざまな能力を発達させていくことができるとフレーベルは考えた。

■モンテッソーリ法

　モンテッソーリ法（Montessori method）とは，マリア・モンテッソーリ（Montessori, M., 1870〜1952）によって考案された教育法のことである。医師としてローマの精神病院で働いていたモンテッソーリは，1907年，ローマのスラム街に貧困層の子どもを対象とした保育施設「子どもの家」を開設した。そして読み書き能力などが劣っていた子どもたちに教育を施すことで，彼女は短期間のうちに大きな成果をあげた。そこでの実践を通して築き上げられたモンテッソーリ法は，現在，世界的に広く普及しており優れた幼児教育法として認知されている➡27。モンテッソーリは，心身の機能の発達にはその発達に適した時期（敏感期）があることを発見した。この「敏感期」において，子どもは自ら成長のための刺激を求め，自発的に活動を行うのだという。そして彼女は「敏感期」に適切な環境を整えることで，子どもが長時間集中して作業を行う（集中現象）という事実に注目した。この集中現象を通じて子どもは本来的な自分を取り戻すことができる➡28。そして「敏感期」に子どもたちが成長を遂げるためには，保育者によって環境が整えられる必要がある。人は自ら成長する生命力（ホルメ）を生得的に備えており，子どもは自分に必要な刺激を自己選択することができる。したがって，この生命力を解き放ち，子どもが自由な環境のなかで自己教育・自己発展していくことが教育にとって不可欠とされるのである。このため保育者からの子どもへの一方的働きかけは避けられるべきものとなり，子どもの発達の「自由」を保障することが必須

➡27　19世紀の諸科学の成果を取り入れたモンテッソーリ法は，科学的教育法と呼ばれている。

➡28　こうして子どもが成長を遂げることを，モンテッソーリは「正常化」と呼んだ。

となるのである。

モンテッソーリ法において，教育環境を構成するにあたって必要とされるのがモンテッソーリ教具である。モンテッソーリ教具は，従来の学校において教師の補助的役割を担ってきた教材とは決定的に異なる。モンテッソーリ教具を扱う主体はあくまでも子どもであり，保育者は子どもが教具を正しく使えるように援助するのである。つ

図 13-3　はめこみ円柱

まり，教具による自己教育こそが目指されるのだ。そして，子どもが教具を通して自分で万物の法則を発見していく過程を見守るのである。モンテッソーリ教具の数は 200 あまりにものぼり（視覚訓練教具，触覚訓練教具，実際生活訓練教具，教科教具など），それらはいずれも子どもたちの五感を刺激するよう働きかけるものである。図 13-3 に示したのは「はめ込み円柱」と呼ばれるモンテッソーリ教具である。木製のブロックの中に円周の異なる 10 個の円柱がはめ込まれている。この教具において，子どもたちはそれぞれの穴にぴったりと収まるように大きさの異なる円柱を入れていく。大きさを間違えれば穴に円柱は収まらない。ここにおいて，子どもたちは保育者に教わるのではなく，自分で正解を導き出す。こうした作業を通じて，子どもたちは自らの力で成長していくことができるのである。教具の扱いに関して，教師は教具についての十分な知識を有する必要があり，子どもの発達における最適な時期にそれらの教具を提供せねばならない。だが，保育者は，単に科学的な知識のみを有すればよいというだけでなく，子どもへのあたたかな眼差し，母親的態度が求められるのである。

■アガッツィ法

アガッツィ法⬅29 はフレーベル主義の刷新を図ったアガッツィ

⬅29　アガッツィ法は，イタリア法，もしくは最初の幼稚園が開かれた場所の地名をとってモンピアーノ法とも呼ばれる。

姉妹（Agazzi, R., 1866～1951 & Agazzi, C., 1870～1945）によって生み出された教育法である。1895年に北イタリア・モンピアーノの教会において始められたアガッツィ法は、イタリアのみならずスペインでも受容され、現在では地中海地域における普遍的な幼児教育法として認知されている。また、アガッツィ姉妹の精神は、イタリア全土にある保育施設の約8割で継承されているといわれている。アガッツィ姉妹は、フレーベル思想に内在する「母性原理」を最大限に重んじ、幼稚園は家庭的雰囲気に満たされるべきだと考えた。保育者は幼稚園の母親とみなされ、幼稚園は1つの拡大家族ととらえられたのである（図13-4）。その際、イタリアの伝統的な母親像が幼稚園教師のモデルとなった。保育者は子どもにとって第二の母となり、教師の人間性・内面性が重んじられ、「教師は学校の魂」とみなされる。このため、アガッツィ姉妹は、教師としての技術を磨くこと以上に、子どもとの接し方、あるいは教師としての使命感や生き方を重視していた。教師の醸し出す教育的雰囲気を重視したアガッツィ姉妹は、宗教教育においても教師自身の内面から湧き出るような落ち着いた雰囲気を重視したのである。そしてアガッツィ姉妹は、一つの方法論に固執した幼児教育のあり方や保育者の側からの一方的な概念の教授を強く拒否した。教育方法は唯一無二である個々の子どものために用意されるべきものであり、保育者には1人ひとりの子どもに見合った接し方を見出すことが求められるのである。この意味で、アガッツィ法は多元的な人間理解にもとづく教育方法であるといえる。

さらにアガッツィ姉妹は、幼稚園を子どもが将来において果

▶ 30 Bagnalasta B.M. Ed., Scuola Materna: gioia di vivere, crescere, apprendere, comune di Brescia. Istituto "Paszuali-Agazzi". 1996, p. 203.

図13-4 子どもと語り合うアガッツィ姉妹 ▶30

たすべき市民としての責任を培う場ともとらえていた。小さな社会である幼稚園において，子どもは遊びをとおして他者への敬意を学んでいくのである。このため大きな家族としての幼稚園で，教師が異年齢児間のかかわりを促進することを求めた。このようなアガッツィ法においては教具も特徴的である。アガッツィ法の教具はモンテッソーリのそれのように科学的知見にもとづいて生み出された教具ではなく，日常生活において容易に収集できるものや，教師が手軽に作ることのできるものである。

■シュタイナー教育

シュタイナー教育は，思想家であり教育者である，ルドルフ・シュタイナー（Steiner, R., 1861〜1925）が生み出した独自の教育実践である。近年，シュタイナー学校は世界規模で急増しており，その数は1000校を数える。この教育はモンテッソーリ教育と並び，幼児教育界で広く受容されている。

シュタイナー学校では独自のカリキュラムが採用されているのだが，もっとも特徴的なのが，エポック授業と8年間一貫担任制というシステムである。エポック授業とは，同じ科目を午前中の2時間，3〜6週間続けて学ぶという方法である（ただし，体育，音楽，外国語などに関してはエポック形式を採らず，毎日学習する）。エポック授業では教科書は使用せず，子ども自らが授業をつうじて教科書を作っていく。図13-5に示したようなエポックノートに子どもが学習内容を描いてゆくのである。低学年の学習では，教師が黒板に色とりどりのチョークで板書をし，子どもたちがそれを丁寧に写すという形で授業が進んでいく。また，シュタイナー学校では，小学校の1年生から8年生まで，同じ1人の教師が継続してクラスを担当する。このシステムにより，8年という長い時間をかけて，教師と子どもの間に信頼関係が築き上げられていく。

こうしたシュタイナー学校のカリキュラムはすべてが芸術に満た

されている。決して「芸術を」教えているわけではない。算数，社会，理科，国語，あらゆる教科が芸術性に満ちているのである。芸術を中心に据えた教育方法は全課程に通底しており，幼児教育段階においてももちろん，芸術は重んじられている。シュタイナー教育独自の実践である「ぬらし絵」を例にとろう。ぬらし絵はたっぷりと水を含ませた紙の上に，赤，青，黄の三原色を置いていく実践である。水を多分に含んでいるため，絵の具は画面上にどんどん広がっていく。その色彩体験を経て，色が移り変わっていく様を子どもたちは体験し，黄（＝光）と青（＝闇）の出会うところに緑が生まれるというような事実を概念によってではなく，体験的に学んでいくのである。

図13-5 スイス・チューリッヒのシュタイナー学校における「国語」のノート

参考文献
市丸成人『改訂 モンテッソーリ教育学入門』学習研究社，1986
今井康雄編『教育思想史』有斐閣，2009
コメニウス著，井ノ口淳三訳『世界図絵』ミネルヴァ書房，1988
佐伯胖『幼児教育へのいざない 増補改訂版——円熟した保育者になるために』東京大学出版会，2014
宍戸健夫『日本における保育園の誕生——子どもたちの貧困に挑んだ人びと』新読書社，2014
神宮輝夫『児童文学の中の子ども』日本放送出版協会，1974
鈴木昌世『イタリア人と母——母性愛・教育者・聖母マリア』，サンパウロ，2009
永井理恵子『近代日本幼稚園建築史研究教育——実践を支えた園舎と地域』学文社，2005

西平直『シュタイナー入門』講談社，1999
日本保育学会編『日本幼児保育史』全6巻，フレーベル館，1974〜1987
松島のり子『「保育」の戦後史—幼稚園・保育所の普及とその地域差』六花出版，2015
森上史朗『児童中心主義の保育——保育内容・方法改革の歩み』教育出版，1984
文部省編『幼稚園教育百年史』ひかりのくに，1979

14章 保育の現状と課題

1 日本

■子どもの貧困問題を通じて考える保育の現状

今日の日本ではおよそ7人に1人の子どもが貧困にさらされている。乳幼児期の貧困がその後の人生に大きな影響を及ぼすことが経験的に明らかにされていることから、保育者にとって貧困問題は決して無縁ではない。

子どもの貧困に関する現状を理解するうえで欠かせない指標が相対的貧困率である。相対的貧困率とは「等価可処分所得（世帯の可処分所得を世帯人員の平方根で割って調整した所得）の貧困線（中央値の半分）に満たない世帯員の割合」を指す。「平成28年国民生活基礎調査」では2015（平成27）年度の貧困線が122万円であることから、1人世帯では年間122万円、2人世帯では173万、3人世帯では211万、4人世帯では244万未満で生活している世帯が貧困世帯となる。子どもの貧困率とは、すべての

➡ 1 厚生労働省「平成28年国民生活基礎調査」, 2017をもとに筆者作成（図14-2も同様）。

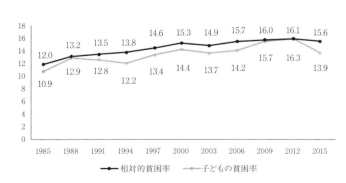

図14-1 相対的貧困率と子どもの貧困率の推移（単位：％） ➡1

子どものうち貧困線未満の金額で生活している子どもの割合を意味する。相対的貧困率と子どもの貧困率の推移，および世帯構成別にみる貧困率の推移を図14-1，図14-2に示す。

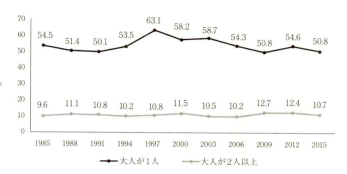

図 14-2　子どもがいる現役世帯の相対的貧困率（単位：％）

　図14-1より，1985（昭和60）年以降，相対的貧困率および子どもの貧困率は多少の増減はあるものの右肩上がりに推移してきた。これに対して2015（平成27）年度の相対的貧困率は15.6％となり，前回調査から0.5ポイント低下した。子どもの貧困率についても同様に，前回と比べて2.4ポイント低下した。

　図14-2より，①「主に，子どもがいる世帯では大人が2人以上いる世帯に対してひとり親世帯の貧困率が約5倍高い」②「ひとり親世帯の50.8％が貧困状態にある」さらに，ひとり親世帯とともに保護者の年齢が若い世帯，とりわけ父母のいずれにおいても20代前半のときに生まれた子どもは貧困率が高い▶2。

　貧困に陥る背景にはさまざまな要因があげられる。低賃金の非正規雇用の拡大や賃金の男女格差，これらが相まって生じるワーキングプア等，個人の努力だけでは解決できない社会構造上の問題がある。また，予期せぬ疾病や自然災害による失業や財産の喪失，離婚による家計の急変など貧困に陥るリスクは尽きない。

　貧困世帯に生まれた子どもは，親の経済力という自身では選択できない要因による不平等を生まれた瞬間から引き受けなければならない。生まれながらにして子どもが背負う不利益による健康や生活習慣の差は，幼少期に顕在化している。東京23区のなかでも

▶2　阿部彩「相対的貧困率の動向：2006, 2009, 2012年」貧困統計ホームページ，2014（https://www.hinkonstat.net/子どもの貧困/1-日本における子どもの貧困率の動向/）（2017年8月31日閲覧）。

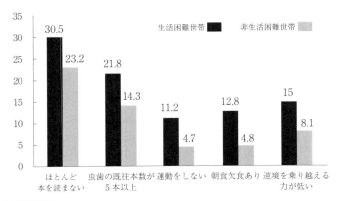

図 14-3 困窮度別にみる小学校2年生の健康・生活の状況（単位：％）◆3

◆3 東京都足立区「第2回子どもの健康・生活実態調査」報告書，2017をもとに筆者作成。

生活保護や就学援助の受給者が多い足立区が2016年に実施した「第2回子どもの健康・生活実態調査」では，生活困難世帯と非生活困難世帯で生活する小学校2年生に図14-3のような差が見られる。

また，大阪市は2016年に「大阪市子どもの生活に関する実態調査」を実施した。この調査では世帯収入による困窮度に応じて日常生活で何ができないか（剥奪指標）にも注目している。5歳児のいる母親を対象としたデータでは，困窮度と比例して食費を切り詰める・子どものお誕生日のお祝いができない・お年玉があげられない・習い事へ行かせられない等の割合が高くなっている。これらは外見上の判断がつきにくいものの，貧困世帯で育つ子どもは他の多くの子どもができているであろうさまざまな経験から遠ざけられているところに，子どもの貧困の見えづらさがある。

人生のスタート地点で背負う不利益が幼児期における体験の不足や小学校低学年段階における生活習慣や健康，そして生き抜く力に影響を及ぼしているのに対し，ヘックマン（Heckman, J. J., 1944～）は質の高い就学前教育によって子どもの協調性ややり抜く力といった非認知能力を高めることが貧困対策として有効であると指摘する（ヘックマン，2015）。たとえ子どもが厳しい環境に生まれたとしても，乳幼児期の保育によって貧困の再生産を断ち切ることが期待できる。

■保育現場で向き合う子どもの貧困

　保育現場では子どもの貧困問題にいかにして向き合っているのか。有益な先行研究や実践報告は限られているが，本項では全国社会福祉協議会・全国保育士会（2017）および名古屋市に所在するけやきの木保育園にて園長を務める平松知子（2016）に依拠しつつ，子どもの貧困に気づくきっかけや保育園における支援の在り方についてみていこう。

　表14-1をもとに順に検討していこう。子どもが身体のサイズに合っていない衣類を身につけているのは，保護者の経済的事情により必要な衣類が揃えきれないことが考えられる。

　清潔面は外見から気づきやすいシグナルの1つである。洗濯ができないのは保護者が終日仕事で家事に手が回っていない場合や，電

▶4　全国社会福祉協議会・全国保育士会（2017）および平松（2016）をもとに筆者作成。

表14-1　子どもの貧困が考えられる保育のなかの気づき ▶4

子どもの様子
- 身体のサイズに合っていない服を着ている
- 入浴していないようで，頭髪がべたべたしている
- 洗濯をしていないようで，衣類が清潔ではない。
- 適量を超えて，給食を何杯もお代わりする。
- 風邪で早退したとき，医療機関を受診せず翌日登園してくる
- ボーッとしており，無気力である
- 自分なんかどうでもいいという態度が見受けられる

保護者の言動
- 必要な負担金の納入が滞りがちである
- 「オムツの使用枚数を少なくして欲しい」と訴えることがある
- 子どもの持ち物に記名していない
- 登園時間がばらばら，あるいは欠席しがち

気あるいは水道が止められているために洗濯ができないおそれがある。入浴についても同様である。

　食事については，園で出される給食が栄養バランスのとれた唯一の食事となっている場合がある。その背景として経済的困窮から食費を節約しなければならない場合や，保護者が朝早くから仕事に出てしまうために朝食を欠いていることも考えられる。

　健康管理については予期せぬ出費としての診察料が捻出しづらい場合が想定される。また，パート等の非正規雇用で働く保護者にとって子どもを病院へ連れて行くのは収入減を意味することから，思うように仕事を休めないことも考えられる。あるいは，保護者が自治体ごとに設けられている医療費の減免制度を知らず受診を避けている場合もありうる。

　情緒面について，無気力な様子や自暴自棄な態度が見られる原因として，子どもが家庭で保護者に大切に扱ってもらえていない，あるいは，愛情をもって受け入れてもらえない経験が蓄積され，子どもが自己を表出するのを諦めてしまっているおそれがある。平松（2016）によれば，登園時に保護者が園から離れるときの子どもの後追い泣きは，それを受け止めてくれる保護者がいてこそできるものである。

　保護者の様子については負担金の滞納や経済的負担の軽減を求める発言とともに，子どもの持ち物に記名していない，登園時間が一定でない等が挙げられている。子どもの持ち物に記名がないのは，仕事で疲れ果てて子どもの世話をする余裕がない場合や，保護者自身がそのような経験をしてきていない場合が考えられる。また，登園時間が一定でない様子からは，不規則な仕事をせざるを得ないために生活リズムが安定していないことが考えられる。

　もちろん，これらの項目に該当するといっても直ちに貧困状態にあるとは限らない。虐待が疑われる場合もありうる。重要なのは，子どもや保護者の様子から気づいたことに対して貧困の可能性を疑

いつつ，その背景を想像し，現状やかかわり方について園全体で共有することである。担当しているクラスで気になる子どもや保護者がいる場合，必ずしも送迎時に担当している子どもや保護者とかかわれるとは限らない。そのようなときに園全体で気になる子どもや保護者に関する情報を共有しておくことで，誰が対応しても気になるサインを見落とさずに済む可能性が高まるだろう（全国社会福祉協議会，2017）。

また，保育者にとって，これらの項目にあてはまるのは困った子どもや困った保護者として映るかもしれない。しかしながら，前項で確認してきたように，貧困には当事者を責めても解決できない社会的要因がある。保育者としては逆境に抗い精一杯努力している保護者に対して子育てに関する責任を追及するよりも，保護者と責任を共有し子どものためにできることを一緒に考えたい。

貧困に気づくことで，困窮する子どもや保護者に対して衣類や食事を個別に支援できるようになる。ただし，支援する際には支援される子どもおよび保護者の自尊心を傷つけないことや，他の子どもや保護者に対して不公平感を与えないような配慮が必要である。困っている子どもや保護者のみを取り出して支援するだけでなく，すべての子どもや保護者が大切にされる園づくりを目指すことが貧困対策を行ううえでも重要である。

■子どもの貧困対策に向けた仕組みと取り組み

子どもの貧困対策におけるひとつの画期は，2013（平成25）年6月26日に成立した「子どもの貧困対策の推進に関する法律」である。第1条では「子どもの将来がその生まれ育った環境によって左右されることのない」よう国等の責務を明らかにし，子どもの貧困対策を総合的に推進することとされている。第2条における子どもの貧困対策とは，子どもに対する保育や教育支援にとどまらず，子どもおよび保護者に対する生活支援，就労支援，経済的支援が含ま

れる。

　2014（平成26）年に政府は同法第8条にもとづき「子供の貧困対策に関する大綱」を策定し，子どもの貧困に対する基本方針，関連指標，当面の施策を定めた。幼児教育に関しては，幼児期における質の高い幼児教育を保障することがその後の進学率の上昇や所得の増加，貧困の連鎖を防ぐ有効な手立てであるという観点から，幼児教育の無償化や低所得者に対する保育料の負担軽減を図るとされている。また，保幼小の連携による学びの連続性の保障に向けた研修の充実に加え，保育士等による専門性を活かした就学前の子どもがいる保護者に対する学習機会の提供・相談対応・地域の居場所づくり・訪問型家庭教育支援の推進が目指されている。

　つづいて，行政による施策と民間団体による実践とに分けて，子どもの貧困を克服するための取り組みをみていこう。

　行政による施策として，子どもの貧困対策の推進に関する法律第9条にもとづいてすべての都道府県が子どもの貧困対策推進計画を策定し対策を行い始めている。また，一部の市区町村が子どもの貧困対策を担当する部署を設置し，子どもの貧困対策という観点から問題把握のために調査を実施し，各部署で実施されてきた施策を見直し始めている。

　民間団体を中心とする子どもの貧困対策として，卒園後も支援につながるように学齢期以降の子どもを対象とした取り組みをいくつか紹介する。はじめに，子どもの貧困対策として近年各地で広がりをみせている取り組みとして「子ども食堂」があげられる。子ども食堂とは，保護者の就労状況等によって孤食を余儀なくされている子どもや栄養バランスが偏った食生活を送る子どもに対し，地域住民や市民団体が主体となって手作りの食事を無料あるいは少額で提供する場所である。また，子ども食堂のなかには学生ボランティア等による学習支援が行われているところがある。子ども食堂について各地でいかなる取り組みが行われているかについては，ポータル

サイト(「こども食堂ネットワーク」)がある。

　子ども食堂からさらに発展した取り組みとして，東京都文京区と複数の民間団体による「こども宅食」が始まろうとしている。子ども食堂では支援が必要な貧困世帯に十分に支援の手が届かない，あるいは支援が必要な世帯の生活の様子が見えてこないという課題が指摘されている。これらの課題を解決するために，「こども宅食」支援が必要な世帯に食事を届けるのをきっかけとして，貧困世帯の生活実態を把握し適切な支援に結びつけることが期待されている。

　また，子どもの貧困対策を直接の目的とはしていないものの，幼少期に豊かな遊びを経験できる場としてのプレーパーク(冒険遊び場)も重要な地域資源である。先の足立区による調査において示されたとおり，生活困窮世帯の子どもは運動する機会に恵まれていない。そこで，たとえ貧困によって運動や集団での遊びに恵まれていなくても，子どもが大人に見守られながら主体的かつ自由に遊べることで，人間関係の構築や非認知能力の向上が期待される。

　学齢期になれば塾や習い事を始める子どもが少なくない。しかしながら，経済的に困窮している世帯において学校外教育費を捻出することは困難である。周りの子は塾に行けているのに自分だけが行けないことで学習意欲や学力，そして最終学歴に差が生じてしまいかねない。この問題に対し，公益社団法人チャンス・フォー・チルドレンは塾や習い事に使途を限定したクーポン(学校外教育バウチャー)を困窮世帯に支給し，学校外教育機会の格差解消に向けて取り組んでいる。また，クーポンの支給に加え大学生等のボランティアが利用者にかかわることで，子どもは身近なロールモデルと「ナナメの関係」を構築し自身の将来について考える機会を得て，進路実現に向けた可能性を広げている。

　これらの取り組みに加え，2015(平成27)年3月に内閣府より『子供の貧困対策に取り組む支援団体の活動事例に関する調査研究活動事例集』が出されている。児童福祉施設を退所した後の子ども

に対する支援をはじめ，保護者の子育て支援や就労支援等の子どもの貧困対策に取り組むさまざまな活動が紹介されている。これらの資料を参照し，地域でどのような団体が存在しいかなる活動が実施されているのかを自身の目で確かめたりボランティア活動に参加したりするのは，未来の保育者として貴重な経験になるだろう。

■ **子どもの貧困に向き合う保育者に求められる資質**

保育所は「貧困問題の防波堤」や子どもの貧困に対する「最初の砦」として期待されている。それは，保育者が日々子どもや保護者と接することで，子どもや保護者の困りごとにいち早く気づき，生活保護や就労支援等の福祉に関する制度や資源につなげることが可能なためである。子どもの貧困に向き合う保育者として求められる資質として2点あげたい。

第一に，幅広い視野で考え抜く力が求められる。目の前の子どもや保護者が抱える問題について，安易に個人の責任とせず，社会構造や政策動向を踏まえて問題状況を理解し，解決策を考え抜く必要がある。

第二に，対象者に合わせた保育や支援を組織化できる実践力も求められる。人と人，人と組織，組織と組織等，さまざまなかかわりのなかで子どもに合わせた保育や保護者に合わせた支援ができることが保育者の専門性の一部だと考えられる。物言えぬ乳幼児の想いを受け入れ，言い出しにくい保護者の言葉に耳を傾けることで，豊かな資源や人間関係のなかでその家庭にとって最も有効な保育や支援の展望が開ける。

児童福祉法第1条には「全て児童は，児童の権利に関する条約の精神にのっとり，適切に養育されること，愛され，保護されること，その心身の健やかな成長及び発達並びにその自立が図られることその他の福祉を等しく保障される権利を有する」と規定されている。保育士は保育所に限らずさまざまな場で専門的知識および技術

をもってこのような権利をもつ子どもの保育や保護者に対する支援を行う専門職である。保育に関する子どもの貧困問題を通じて，子どもを大切にするということはその生活環境も含めて大切にすることでであり，あるという観点から，子どもにとって重要な生活環境である家庭や施設を，福祉の視点から見る必然性が浮かび上がる。

参考文献
阿部彩『子どもの貧困Ⅱ――解決策を考える』岩波新書，2014
全国社会福祉協議会『気づく　かかわる　つなげる　保育者のための子どもと保護者の育ちを支えるガイドブック』2017
全国社会福祉協議会・全国保育士会『保育士・保育教諭として子どもの貧困問題を考える――質の高い保育実践のために』2017
日本財団子どもの貧困対策チーム『徹底調査　子供の貧困が日本を滅ぼす　社会的損失40兆円の衝撃』文春新書，2016
平松知子「人生最初の6年間で育めるもの――保育所保育から見る貧困と福祉」，秋田喜代美・小西祐馬・菅原ますみ編著『貧困と保育――社会と福祉につなぎ、希望をつむぐ』かもがわ出版，2016
ヘックマン，J. J.『幼児教育の経済学』東洋経済新報社，2015

終章 世界市民を育てる保育をめざして
——再び，保育原理を問う

> すべての子どもたちは愛され，教育を受け，その命を守られなければならない。 📖1

📖1 トメク・ボガツキ著，柳田邦男訳『コルチャック先生——子どもの権利条約の父』講談社，2011.

　子どもの命，そして，子どもの権利を守るために，その一生を捧げたコルチャック先生（Korczak, J., 1878～1942）。彼は，第二次世界大戦中に命を落とした。戦後70年以上が経ち，戦争のない平和な現代の日本で，子どもたちは大人から十分に愛されているといえるのだろうか。子どもたちは満ち足りた愛情に包まれ，安らかな心で毎日を過ごしているのであろうか。上記の絵本を翻訳した柳田邦男氏は以下のように述べている。

> 21世紀の今，世界はテロや戦争が繰り返され，多くの子どもたちが犠牲になっている。身近なところでは，いじめやその報復事件，虐待やネグレクトなどが深刻化している。子どもを愛し子どもの命を守るとは，どういうことなのか。コルチャック先生の訴えは，時代を経て，今こそ重みを増している。📖2

📖2 柳田邦男「21世紀を生きる私達へのメッセージ」，同上書所収。

　保育の道を志す私たちは，「子どもを愛し子どもの命を守るとは，どういうことなのか」という問いをたて，「その実現のために自分の果たすべき責任とは何なのか」ということを考え続けなければならない。なぜならば，保育とは，すなわち，子どもを愛することであり，保育者とは，子どもの命を守る責任を担う存在者だからである。

　この終章は，保育の道を志す学生が，本書を読み終えた後に，いま一度，「保育とは何か」といった根源的な問いをたて，自分自身

終章　世界市民を育てる保育をめざして──再び，保育原理を問う

のなかでそれらに対する答えを求め，自らの考えをさらに深めることを目的としている。この章を通して，保育原理の全14章を通して得た，知識や気づきを，もう一度，確認する作業を行ってほしい。

さて，本章では，保育の原理，いわば，保育の原点を確認するために，3つの観点を設定していこう。第一は，幼児教育の父・フレーベルの子ども観について，第二は，子どもに対する接し方の基本としての無条件的な受容──母性的なかかわりについて，そして第三は，幼稚園や保育所といった小さな社会において，子どもが園生活で習得するべき事項──義務・権利・責任の原理について考えてみたい。これら3つの観点を確認することを通して，保育の原理についての理解が深められることであろう。

1 フレーベルの子ども観

はじめに，第一の観点である，フレーベル（Fröbel, F. W. A., 1782～1852）の子ども観について考えよう。そもそも，教育・保育とは，教育者が「子ども（被教育者）とはこういう存在である」といった定義がもてるからこそ，その目標や指標がたてられるものである。子どもをどう見るかという基本的な確認こそ，教育者・保育者にとって，もっとも基礎的な要件であるといえる。

保育思想の基礎を築いたフレーベルは，子どもは萌芽であるといった。萌芽とは，種のことである。植物の種は大地にまかれ，母なる大地から栄養をもらい，太陽から光をもらい，人間から水や栄養をもらいながら育つ。「子どもは植物の種のように，生まれながらに，その内面に自ら育つ可能性をもっている存在である」ととらえたフレーベルの子ども観。このフレーベルの子ども観を，私たち，保育の道を志す人間は，決して忘れてはならないと思う。フレーベルの子ども観を基本として子どもをとらえるならば，子どもが内面にすでに備えている可能性を引き出していくことが保育の原理であ

るとわかる。

　萌芽は，それ単独の力で育つことはできない。適度な水分，栄養などの自然の恵みと世話をしてくれる他者——大人の存在を必要とする。大人は，子ども（萌芽）を育てる際，ともすれば，自分本位に考え，「子どもの望むようにかかわる」という観点を忘れてしまいがちである。「子どもを育てるということは，子どもの望んでいるような愛し方をしてあげること▶3」なのである。

　それでは，子どもの望みに応えるようにかかわる，という考え方について，もう少し考えを深めてみよう。子どもの望みとは，いったいどのようなものなのであろうか。その問いについて考えるために，第二の観点である子どもに対する接し方の基本，大人による子どもの無条件的な受容——子どもへの母性的なかかわりとの関連のなかで，それに対する答えを求めていこう。

▶3　佐々木正美『院　子どもへのまなざし』福音館書店，2011。

2　無条件的な受容——母性的なかかわりを通して育つもの

　幼い子どもの望みとは何だろうか。それは，「私の存在を，私のあるがままを，愛してほしい」という，そのひと言に尽きるといえる。あるがままに，無条件に愛され受容された体験を通して，子どもは，「自分はこの世に必要とされている」と信じながら人生を歩めるようになる。保育の道を生きる私たちが「子どもの望みに応える大人になり」▶4，子どものあるがままを受容すること。無条件に受容された子どもは安心して，他者との関係を築こうという意欲をもつのである。たとえば，保育者が，「今日は，このクラスのみんなと会えて，共に過ごせたことだけで，私は幸せだった」と，その日の保育を終えられるなら，そのクラスには，愛情・笑顔・感謝，そして許し合う心・譲り合う心が満ちていることであろう。現場の保育者は，手のかかる子や乱暴な子に振り回されたり，いろいろな子どもたちと十分なかかわりが取れなくて悩んだり，他のクラス

▶4　鈴木昌世『イタリアの幼児教育思想——アガッツィ思想にみる母性・道徳・平和』福村出版，2012。

終章　世界市民を育てる保育をめざして——再び，保育原理を問う

の先生の保育が上手で自分の保育に自信がなくなったりと，たくさんの悩みを抱える。それでも，子どもとの今日の出会い，共に過ごせた1日を感謝してほしい。それは子どもを無条件で受け入れるためには，それ以前に，保育者自身が未熟な自分を受容する必要があるからである。未熟な自分を受け入れることが，より善い保育をするために必要不可欠な要件だと思う。子どもを無条件で受容できる人は，自分自身も受容しているものである。保育の原点にある，無条件の受容は自分にもあてはめるべき事項と覚えてほしい。「今日はいい子だったから」「今日は聞き分けがよかったから」「先生の言いつけをよく守ったから」ではなく，子どもに対して，「あなたの存在が嬉しい」「今日，あなたと過ごせたことが，先生の幸せでした」と，担当するすべての子どもに伝えてあげられるような，心の広い保育者であってほしい。「先生は，きっと，ぼく（わたし）のことを大好き」と，子どもが心底信じられるような保育を目指してほしい。

　無条件的な受容——母性的なかかわりは，子どもを幸せにするかかわりであり，同時に，その保護者までも幸せにするかかわりである。親は，自分の子どもの欠点を熟知しているものである。それでもなお，園の先生はわが子を受容してくれていると信じられるような人間関係が，もしそこに存在すれば，必ず，その子どもは健やかに育つ。保育者による無条件的な受容を基礎として，その上に，信頼関係が生まれるという点を忘れないでいてほしい。

　さて，これまで，保育の原点，その第二として，無条件的な受容について述べてきた。次いで，保育の原理について考えるための第三の観点は，1つの社会としての保育施設を市民教育の場としてとらえる，というものである。具体的には，市民的な要素——義務と権利の概念，そして責任感を育てる場としての保育施設という観点である。

3 市民教育の場としての保育施設

　保育所や幼稚園，認定こども園で働く保育者たちは，多様な環境のなかで育った子どもたち，それぞれの個性を大切にしながら，集団のなかで必要な「人として生きるために必要なルール」を教えていくという仕事をしている。筆者の研究領域であるイタリアでは，「教育とは人間化である」という言葉がある。人間化――いわば，人間らしさを習得するという，最初の場所が保育施設なのである。子どもたちは保育所・幼稚園といった保育施設のなかで，多様な考えをもった仲間や友だちの存在を，体験を通して知り，その付き合い方を学ぶ。人間は，1人で生きられない存在であるからこそ，心の柔らかな幼少期に他者と共に生きる技術を体得する必要がある。人は人を通して育ち，人になる。人は人を通して自分を知り，自己を確立する。他者とのかかわりがなければ，自分を知ることもできない。そうなると，他者との豊かなかかわりこそ，幼少期の人間にとって，もっとも大切な学びであると理解される。

　さて，筆者の研究分野であるイタリアから，現代のイタリアの保育施設の8割が導入しているアガッツィ思想の創始者，アガッツィ姉妹（Agazzi, Rosa & Carolina. Rosa, 1866 ～ 1951, Carolina, 1870 ～ 1945）の「市民教育としての幼稚園（母親学校）」という考え方について紹介する。そして，その理解を深めるために，日本では知られていないアガッツィ法について，概略を以下に記す。

　イタリアにおいてフレーベル主義をイタリアの子どものために刷新させた姉妹は，1895年に北イタリア・モンピアーノという町でアガッツィ主義幼稚園（母親学校）を始めた。アガッツィ主義幼稚園では，教師のモデルは家庭の母親と定義されている。幼稚園（母親学校）は大きな家族であり，園児たちは家庭のなかの子どもたちのように兄弟姉妹として助け合うことが求められた。1世紀以上前

終章　世界市民を育てる保育をめざして——再び，保育原理を問う

に始められたアガッツィ法は，現代においてもイタリアにおける普遍的な幼児教育法として浸透している。姉妹が家庭の母親を教師のモデルとしたのは，フレーベルの母性愛の思想を受けついだという点があげられる。それに加えて，イタリアではローマ時代から家庭教育者としての母親の存在が重要視されてきた伝統があること，そして聖母マリアという超越的な存在が民衆の母親モデルとして確固たる地位を築いているという点も見逃せない。

　アガッツィ姉妹は，幼稚園という共同体で，子どもたちが市民になるために不可欠な義務と権利の概念を習得することを目指した。ここで注意する点としては，アガッツィ姉妹が，子どもは国境を超える存在であるととらえていたことである。いわば，アガッツィ姉妹の市民という概念は，21世紀を向けた現代における地球市民という概念と共通するものなのである。自由を与えられた人間存在が，自分の権利を守ると同時に，他者の権利を守る義務を有していることは忘れてはならないことだと思う。そして，現代においては，自国の利益だけでなく，他国の利益をも考える人間に育つことが求められている。こうした自他の利益双方のバランスを取ることのできる人材の育成，いわば，世界平和を目指す人材を育成するための教育——善き市民になるための教育——という観点は，日本の保育界においても重要なものといえるであろう。

　アガッツィ姉妹はフレーベルが重視した保育における花壇づくりという観点を生かし，それをイタリアの母親学校において実践した。花壇づくりという活動を通して，市民教育を行うという，彼女達の事例から学ぶことは少なくない。彼女たちは，花壇づくりに際して，共同の花壇と個人の花壇との両方を用意していた。こうした共同と個人の花壇を併設して子どもたちを教育することの意義について，姉妹は以下のようにそれを説明している。

> 共通の花壇においては，みんなのものをみんなで育てることを教え，子どもたちみんなの力の結集を求めるのです。子どもたちが，みんなのものをみんなで守る権利について学べるように導いていくのです。社会では，みんなのものは誰のものでもないといった無責任な考え方があります。これは，間違っています。みんなのものをみんなで守る義務があるという原則を学び，それが浸透していけば，学校以外の場にある公共物を乱暴に扱い，粗末にし，破壊するなどといったことは，なくなっていくのではないでしょうか。公共物への尊敬は，結果として自分への尊敬につながるものであるということを，すべての教師たちは意識して教育しているでしょうか。また，個人の花壇については，それぞれの花壇の間にある境界線を通して，相手のものを取ってはいけないこと，相手のものを守り，自分のものを守り，お互いに権利と義務を有する存在であることを教えていくのです。花壇づくりは，子どもたちが道徳を学び，市民教育を受ける実践の場としてふさわしいものです。 5

▶ 5 Agazzi, R., Guida per le educatrice dell'infanzia(annata 1929-30), Editrice La Scuola, 1976, pp. 413-415..

　世界平和が求められる現代において「保育現場で義務や権利を学び，小さな子どもであっても，1人ひとりに人としての果たすべき責任があり，それを喜んで果たすことを求められている」という観点は，非常に重要なものだと思う。そして，自分の命も守り，他者の命も守る。こうした自他をともに愛するという考え方は，他者（子ども）のために生きることを使命とする保育者の後ろ姿，その生き方から，子どもへと伝わるものであろう。自分の命をかけて子どもの命を守る。それが保育の原理の中核にあるものだと，筆者は信じている。

索 引

■数　字

3つの柱　37, 38, 85, 87, 97
　→育みたい資質・能力も参照
5領域　35, 38, 42, 61, 64-65, 85, 87, 96, 99
10の姿　38, 61, 88, 98
　→「幼児期の終わりまでに育ってほしい姿」も参照

■英　字

cooperation　18
PDCAサイクル　88, 100

■あ　行

愛珠幼稚園　158
愛着　17, 51, 67, 122
アガッツィ法　171-173, 190-191
アガッツィ姉妹　171-173, 190-191
遊　び　7, 16-18, 31, 38, 40, 43, 44, 54, 73, 88, 93-96, 98-99, 100-103, 107-109, 111-114, 117, 120, 127, 133, 137, 169, 172, 183
アタッチメント　10, 50, 122
　→愛着も参照
アフォーダンス理論　15
生きる力　37, 49, 60
育児不安　30, 151, 154
石井十次　158, 160
一時預かり事業　150
一斉保育　113-115, 135
『いやいやえん』　161
エポック授業　173
『エミール』　160, 166
援助　39, 49, 71, 73, 77, 98, 116, 133, 145, 178
延長保育　30, 149, 152
岡山孤児院　158, 160
恩物　93-94

■か　行

カウンセリング　73-74, 81, 155

カウンセリング・マインド　73-74, 81
学校教育法　12, 20, 95
葛藤　47, 57, 102, 113, 151
簡易幼稚園　94
環境を通して行う教育　36, 59
気になる子ども　72, 180
基本的信頼感　52, 54
基本的生活習慣　33, 52-54
休日保育　149, 152
教育基本法　20, 75, 109
教育目標　138
協同的な遊び　103, 137
倉橋惣三　15, 95, 108, 161
ケアリング　13, 81
ケイ（Key, E.）　20
劇遊び　90, 109, 126-128
公民館　155
国連子どもの特別総会　22
子育てサークル　155
子育てサロン　156
子育て支援　148
子ども子育て支援新制度　58, 97
子ども食堂　182-183
子どもの権利条約　21, 22, 63, 75
子どもの権利に関するジュネーヴ宣言　160
子どもの世紀　20
子どもの貧困　92, 176-178, 179, 181
子供の貧困対策に関する大綱　182
子どもの貧困対策の推進に関する法律　181-182
子どもの貧困率　92, 176
個の充実　138
個の育ちとクラス集団の育ち　133
コミュニケーション　7, 10, 18, 39, 51, 53, 54, 68, 73
コメニウス（Comenius, J. A.）　7, 163-165
コルチャック（Korczak, J.）　22, 186

■さ　行

佐伯胖　10, 162

索　引

ジェブ（Jebb, E.）　21
自己肯定感　91, 99
資質・能力　13, 34, 38, 60-61, 65, 69, 85, 87-88, 97, 99
児童委員　154, 156
児童家庭支援センター　154-155
児童憲章　21
児童相談所　8, 154-155
児童中心主義　94
児童の権利の宣言　21-22
児童の権利に関する条約　→子どもの権利条約
児童の権利に関するジュネーブ宣言　21
児童の最善の利益　33
児童福祉法　12, 20, 30, 62-63, 79, 95, 154, 159, 184
児童文化財　94, 125-127, 131-132
市民教育　189, 190-192
社会的微笑　46, 50
集団遊び　101
集団の充実　138
自由保育　113-114
守孤扶独幼稚児保護会　159
シュタイナー（Steiner, E.）　173
シュタイナー教育　173
小1プロブレム　44
消極教育　166
消費的な遊び　17, 131
スタートカリキュラム　44
素話　125, 127, 130
生理的微笑　50
『世界図絵』　164
設定保育　113-115
戦時託児所　95
相対的貧困率　176-177
ソクラテス　162
その子らしさ　133, 137-138
『大教授学』　163-164
託児所　94
縦割り保育　115
地域子育て支援拠点事業　150, 153, 156
地域の社会資源　153
父親　9, 55
東京女子師範学校附属幼稚園　12, 93, 106, 157

■な　行

中川李枝子　161-162
『人間の教育』　168
年齢別保育　115

■は　行

育みたい資質・能力　37, 44, 59, 60-61, 85, 87-88, 97, 99
発達過程　34, 48, 110, 119, 122
発達段階　23, 46-48, 59, 71, 91, 111, 166
母親　8-9, 30, 50-51, 54, 72, 148, 151, 153, 158, 164, 167-169, 171-172, 178, 190-191
東基吉　94
ひとり遊び　101-102
病児・病後児に対する保育　149
貧民幼稚園　94
二葉幼稚園　94, 158
プレイ・セラピー　73-74
プレーパーク　183
フレーベル（Fröbel, F. W. A.）　10, 94, 106, 157, 168, 187, 191
フレーベル主義　93, 106, 108, 161, 171, 190
ペスタロッチ（Pestalozzi, J. H.）　17, 55, 167-168
ヘックマン（Heckman, J. J.）　178
保育カンファレンス　81, 145
保育者間の連携　140
保育所の役割　33, 34, 62-63, 119, 147, 150
保育所保育指針　13, 42, 44, 47, 58, 62-64, 67, 84, 96, 110, 119, 127, 147
「保育要領――幼児教育の手引き」　95, 109
ホイジンガ（Huizinga, J.）　16
保健所　155
母性　8, 10, 46, 55, 72, 78, 122, 172, 187, 188, 191
母性的なかかわり　187, 188
ボルノウ（Bollnow, O. F.）　56, 98

■ま　行

民生委員　154, 156
持田栄一　162
モンテッソーリ（Montessori, M.）　170-171
モンテッソーリ教具　170-171

■や 行

養護　34, 65, 67
幼児学校　14
「幼児期の終わりまでに育ってほしい姿」　38, 44, 59-62, 65, 69, 85, 88, 98
幼稚園教育要領　13, 14, 18, 47, 58, 60, 77, 84, 85, 96-97, 109, 119, 127, 161, 163
幼稚園保育及設備規程　94, 107
幼稚園令　95, 107

幼保連携型認定こども園教育・保育要領　13, 58, 68, 69, 84, 97, 127

■ら 行

ルールのある遊び　101
ルソー　157, 160, 165-167

■わ 行

和田実　94

編　者

佐藤　哲也　　宮城教育大学

執筆者〈執筆順〉

佐藤　哲也　（1章）編　者
米川　泉子　（2章①・8章）金沢学院大学
中野　順子　（2章②③④⑤）神戸女子短期大学
小川　圭子　（3章）四天王寺大学
田岡　由美子　（4章）龍谷大学短期大学部
布村　志保　（5章）頌栄短期大学
渡辺　一弘　（6章）会津大学短期大学部
石森　真由子　（7章）聖和学園短期大学
佐野　友恵　（9章）武庫川女子大学
眞田　絵里　（10章①②）神戸市立松原保育所
大湾　由美子　（10章③④⑤）すずらんの会・沖縄県
赤木　公子　（11章）梅花女子大学
梅野　和人　（12章）四天王寺大学短期大学部
稲井　智義　（13章①）北海道教育大学
井藤　元　（13章②）東京理科大学
本山　敬祐　（14章）岩手大学
鈴木　昌世　（終章）元大阪成蹊大学教授（編者が加筆修正）

子どもの心によりそう

保育原理〔改訂版〕

2018年3月10日　初版第1刷発行
2021年9月20日　　　第2刷発行

編　者　　佐　藤　哲　也
発行者　　宮　下　基　幸
発行所　　福村出版株式会社
〒113-0034　東京都文京区湯島2-14-11
電話　03-5812-9702　FAX　03-5812-9705
https://www.fukumura.co.jp
印刷　株式会社文化カラー印刷
製本　協栄製本株式会社

©Tetsuya Sato 2018
Printed in Japan
ISBN978-4-571-11606-3 C3337
定価はカバーに表示してあります。
乱丁・落丁本はお取替えいたします。

福村出版◆好評図書

佐藤哲也 編
子どもの心によりそう
保育内容総論〔改訂版〕
◎2,100円　ISBN978-4-571-11607-0　C3337

幼い子どもたちの健やかな育ちに求められる保育内容を，新要領・指針に即して基本から実践まで多面的に解説。

佐藤哲也 編
子どもの心によりそう
保育者論〔改訂版〕
◎2,100円　ISBN978-4-571-11608-7　C3337

子どもを全面的に受容しつつ，その成長と自立を促すにはどうすべきか。保育者に不可欠な技術と哲学を解説。

佐藤哲也 編
子どもの心によりそう
保育・教育課程論〔改訂版〕
◎2,100円　ISBN978-4-571-11609-4　C3337

子どもの今と未来の姿を見据え，子どもの主体性を尊重した保育計画の編成を豊富な事例を通して学ぶ。

加藤邦子・牧野カツコ・井原成男・榊原洋一・浜口順子 編著
子どもと地域と社会をつなぐ家庭支援論
◎2,400円　ISBN978-4-571-11037-5　C3037

子どもをとりまく環境の著しい変化や多様な家庭を受け止め，子育ての困難さの原因を見極める技量を養う。

七木田 敦・J.ダンカン 編著
「子育て先進国」ニュージーランドの保育
●歴史と文化が紡ぐ家族支援と幼児教育
◎2,400円　ISBN978-4-571-11038-2　C3037

世界でいち早く幼保一元化を実施し，就学前教育参加率を高めたニュージーランドの多様な保育実践と課題。

柏女霊峰 監修／槇英子・齊藤崇・江津和也・桃枝智子 編著
保育者の資質・能力を育む保育所・施設・幼稚園実習指導
◎2,000円　ISBN978-4-571-11045-0　C3037

保育所・施設・幼稚園実習を通して保育者の資質・能力を総合的に育み，学生主体の学びを促す実践的テキスト。

杉山佳菜子 編
アイディア満載！教育・保育実習サポートレシピ
●指導案・あそび・うたの実践のコツ
◎1,800円　ISBN978-4-571-11044-3　C3037

指導案の書き方，遊び，歌の楽譜など，複数の参考書にまたがって紹介されることの多い内容を1冊に集約。

◎価格は本体価格です。